DEUXIÈME ANNÉE

MEMENTO

D'ÉCONOMIE POLITIQUE

PERMETTANT AU CANDIDAT DE REVOIR LES MATIÈRES
LA VEILLE DE L'EXAMEN

PAR

V., DOCTEUR EN DROIT

Prix **2 fr. 50**

PARIS

T. VAQUETTE

44, BOULEVARD SAINT-GERMAIN, 44

1883

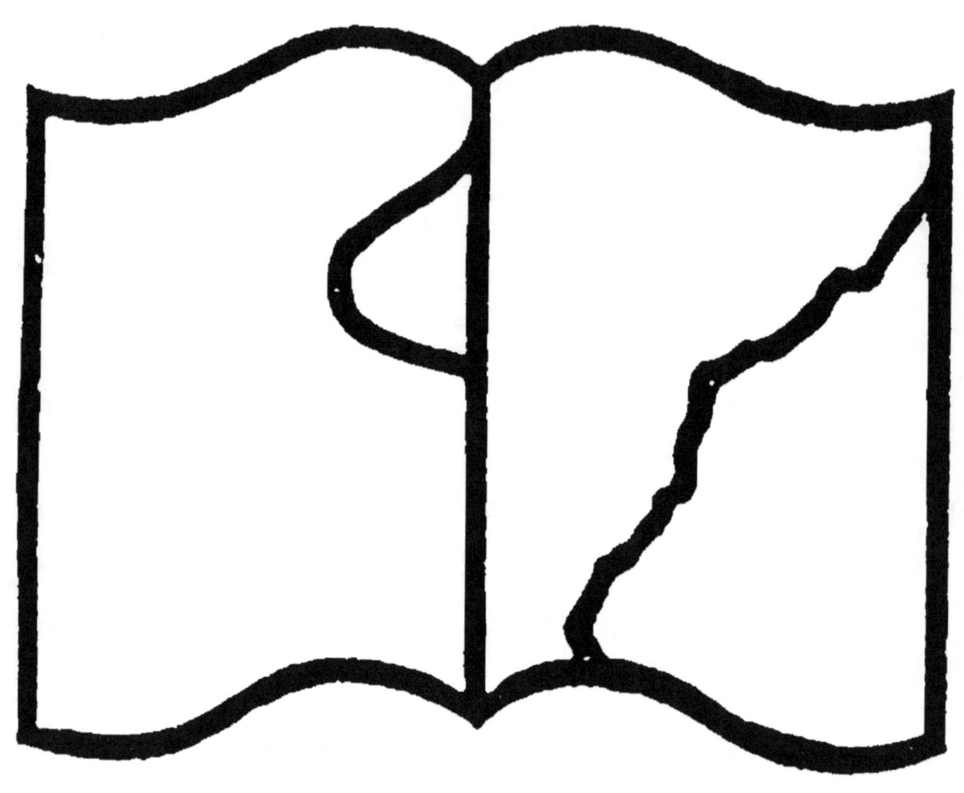

MEMENTO

D'ÉCONOMIE POLITIQUE

PERMETTANT AU CANDIDAT DE REVOIR LES MATIÈRES
LA VEILLE DE L'EXAMEN

PAR

V., DOCTEUR EN DROIT

Prix **2 fr. 50**

PARIS

T. VAQUETTE

44, BOULEVARD SAINT-GERMAIN, 44

1883

ÉCONOMIE POLITIQUE

L'économie politique est la science des richesses. Elle a pour objet la production, la circulation la répartition et la consommation des richesses. Elle n'est que l'un des éléments d'une science plus vaste : la *sociologie*, qui a pour objet l'étude de la société dans toutes ses manifestations.

CARACTÈRES DE LA RICHESSE. — La richesse implique :

1° Un *objet matériel*. Les produits immatériels ou services, tels que les services du professeur, du médecin, ne sont pas des richesses. Les richesses sont des biens matériels, *quæ numero pondere mensurave constant*. On est propriétaire de choses matérielles : on n'est pas propriétaire de services : ou on est créancier, ou le bénéfice en est déjà recueilli.

2° Un *objet utile*. Un objet matériel est utile dès qu'il est propre à la satisfaction des besoins de l'homme. Qu'importe, par ex. qu'il y ait dans un désert abondance de fruits, ils ne sont pas des richesses !

3° Un *objet approprié*. Il faut que l'objet matériel et utile qui constitue la richesse soit susceptible de devenir la propriété de quelqu'un. Ainsi, la mer, l'air, l'eau, ne constituent pas des richesses.

CHAPITRE PREMIER. — PRODUCTION DES RICHESSES.

Produire, ce n'est pas créer, car, dit un vieil axiome, *rien ne se crée, rien ne se perd*. L'homme ne crée pas, il transforme la matière en s'aidant des forces naturelles. Les choses se transforment, et l'homme, en prenant la direction de cette transformation, produit. Ainsi, quand du minéral il tire le fer, il fait subir à la matière une série de transformations. Il n'y a pas là création de matière, mais une série de transformations. Pour transformer, il faut vaincre les forces naturelles qui donnent actuellement à la chose l'état dans lequel elle se trouve.

Pour opérer la transformation, l'homme se fera aider par les forces naturelles. Ainsi, les machines sont des exemples de la puissance que l'homme acquiert quand il sait mettre en jeu les forces de la nature. Ce premier travail va donner naissance à quelque chose de nouveau : la *richesse*. L'homme va s'en servir pour des productions nouvelles. Quelquefois, elle servira comme matière à transformer : ainsi, la laine transformée deviendra une étoffe. Souvent même, le capital servira comme force aidant à la transformation. Par ex., les outils, on ne les transforme pas, on s'en aide pour transformer les autres objets.

Les éléments de la production sont donc : 1° les agents naturels ; 2° le capital ; 3° le travail ; 4° les diverses industries.

I. Agents naturels. — Au début, tout était agent naturel, rien n'étant encore approprié. Mais avec le travail commence l'appropriation. Peu à peu, l'homme transforme en richesse les éléments qui l'entourent. La terre, d'abord agent naturel, il la transforme en richesse par toute une série de travaux agricoles. Il la rend utile, il l'approprie : et, comme c'est en même temps un objet matériel, il en fait une richesse. Il en est de même de la mine ; elle n'est une chose utile que quand elle est mise en exploitation.

On peut ranger parmi les agents naturels :

1° *Les forces de la nature*, par ex., le climat. C'est là une chose immatérielle qu'on ne peut pas transformer en richesse.

2° *Les objets matériels non susceptibles d'appropriation*, tels que : la mer, l'air, la lumière, l'eau. C'est le patrimoine du genre humain : sur ces choses, il ne peut y avoir que des jouissances communes, *quid prohibetis aquas, ad publica munera ceni* !

3° *Les objets matériels susceptibles de devenir richesse mais non encore appropriés*. Ainsi, il y a des pays dans lesquels se trouvent des mines qui n'ont jamais été exploitées.

Tous les pays ne sont pas également favorisés au point de vue des agents naturels. Il faut tenir compte de l'influence des astres, des climats, de la fécondité du sol, des difficultés que présente la configuration du terrain pour l'établissement des moyens de transport, des agents naturels non encore appropriés dans un pays, de l'inconnu des découvertes futures, etc. D'ailleurs, le travail bien dirigé peut beaucoup pour la modification des conditions que font à une nation les agents naturels. En fait, ce ne sont pas les nations les plus favorisées qui sont les plus riches.

II. Capital. — Pour donner naissance au capital, il faut : 1° Que sur les richesses produites, une certaine quantité soit soustraite à la consommation improductive; 2° qu'elle soit livrée à la consommation productive.

Le fait de soustraire à la consommation improductive une part des richesses existantes constitue *l'épargne*.

ÉPARGNE. — Épargner, ici, n'est pas thésauriser. Au contraire, le meilleur emploi que l'on puisse faire de l'épargne, c'est de la consommer immédiatement non en jouissances, mais en œuvre de production. Le cultivateur qui consomme la quantité de grains strictement nécessaire à l'alimentation de sa famille et ensemence une plus grande étendue de terre réalise une épargne. Il a soustrait le grain à la consommation de jouissance pour en faire un emploi reproductif. Si, au contraire, il échange son blé contre des objets de luxe, il n'a pas épargné. L'épargne se rencontre donc malgré une consommation immédiate, pourvu que cette consommation soit productive.

De même que l'épargne est indispensable à la formation du capital, de même, elle sera indispensable à son augmentation. Le total de l'épargne représente non pas le capital mais le *maximum* du capital possible. Si, par ex., l'épargne est de trois milliards, on ne peut pas dire que le capital sera de pareille somme, car, sur les trois milliards épargnés, la totalité ne sera pas nécessairement livrée à la production pour devenir capital : une partie peut être thésaurisée ou affectée à la production de jouissance. Cependant on peut affirmer que, chaque fois que le capital augmentera, l'épargne augmentera aussi, mais non dans la même mesure.

L'épargne constitue la différence entre le total de la production et le total des consommations de jouissance. Pour que l'épargne augmente, il faut que la consommation de jouissance varie dans le sens d'un amoindrissement; de même, si on augmente la production, l'épargne augmentera par là même.

Rôle joué par le capital. — Le capital n'agit pas tant qu'il existe comme tel. C'est par sa consommation qu'il peut produire un effet quelconque. Ainsi, le capital disparaît, et à sa place se trouve, à la fin de l'œuvre de la production, quelque chose qui en est plus que l'équivalent, et qui permettra de le reconstituer avec un excédant.

Tout capital, dit un économiste, rentre nécessairement dans l'un des quatre emplois suivants :

1° Il est employé à former le produit brut : c'est le capital de l'extraction du minerai de fer.

2° Il est employé à transformer le produit brut, à en faire une richesse utile, immédiatement transformable. Ainsi, le directeur des hauts fourneaux transforme le minerai en fer et en outils.

3° Il est employé à transporter la marchandise. Ainsi, quelqu'un achète les outils forgés par le directeur des hauts fourneaux et les transporte.

4° Il est employé à mettre, par l'industrie des détaillants, les produits formés, à la disposition du public.

Concluons : l'extracteur a dépensé un capital de 10 en achats d'instruments, d'outils, de machines, en salaires d'ouvriers; à la fin de l'opération, son capital n'existe plus. A la place, il a du minerai; arrive le directeur des hauts fourneaux qui lui achète ce minerai pour un capital de 12. De cette manière, il reconstitue par échange le capital anéanti, plus un excédant, qui est la récompense de son travail. De même, le directeur des hauts fourneaux, l'entrepreneur de transports et le marchand en détail ont anéanti leur capital et ont reçu à la place quelque chose qui a permis de le reconstruire et même de l'augmenter.

De là apparaît la nécessité d'une épargne incessamment renouvelée. Si, par l'épargne on ne renouvelle pas le capital, il ne reste rien. L'épargne peut diminuer mais non s'arrêter, car il faudrait supposer que tout le monde est d'accord pour ne plus produire.

Le capital permet la division du travail : le fabricant va pouvoir se livrer à la fabrication de tels ou tels objets. Comment le pourrait-il s'il n'existait pas un capital lui permettant de vivre pendant ce temps-là. Le capital apparaît comme un fonds de nutrition pour ceux qui n'ont pas de richesses amassées. Remarquons, d'ailleurs, que ce n'est pas la demande du produit qui fait travailler, c'est l'existence du capital. Qu'il y ait une demande plus ou moins considérable d'un produit, s'il n'y a pas de capital, le produit ne sera pas fabriqué, à moins que l'acheteur ne fasse l'avance du prix de la marchandise. Mais alors il y aura un capital. — A l'inverse, supposons qu'il n'y ait pas de demande d'un produit quelconque, cela n'empêche pas ceux qui ont un capital de travailler. Il n'est pas nécessaire que quelqu'un demande le produit; au besoin, on le consommera soi-même. La demande de produit équivaut à consommation; or, ce n'est pas en consommant que l'on donne du travail à ceux qui n'en ont pas : c'est en formant des capitaux. Toutefois, nous verrons, dans la *Théorie de la consommation*, que, quelquefois, la demande d'un certain produit suffit à faire travailler, sans qu'il soit nécessaire d'augmenter le capital.

RAPPORTS ENTRE LE CAPITAL ET LA PRODUCTION INDUSTRIELLE. — Les termes de ce rapport sont les suivants :

1° *Le capital limite l'industrie* ; en d'autres termes, l'industrie ne peut dépasser certaines limites sans que le capital augmente. Ainsi, si l'activité industrielle emploie tous les capitaux, il n'est pas possible que la production augmente sans un nouveau capital .

2° *Une augmentation à l'infini du capital peut toujours être utilisée par l'industrie.* — Objection : Supposez que tous ceux qui font des consommations de luxe y renoncent et que toutes les richesses se transforment tout à coup en capitaux, n'est-il pas vrai que l'industrie ne saura qu'en faire ? — Réponse : L'industrie augmentera sa fabrication, elle emploiera plus de monde ; et, en même temps, comme elle aura produit davantage, il y aura un plus grand bien-être général, car les objets produits coûteront moins cher. Il y a mieux ; si les capitaux continuent d'affluer, l'industrie payera mieux ceux qui travaillent. Voilà une nouvelle source de bien-être.

De ces deux lois, la première n'est vraie, qu'à la condition qu'on suppose le travail immobile. En effet, le capital n'est pas le seul facteur de la production ; à côté de lui, il y a un facteur essentiel, le travail. Si le travail augmente, la production augmente également. La production, emprisonnée dans les limites du capital, en sort par un excédant de travail, par un travail qui s'organise mieux. De plus, il y a les inventions (indication d'une meilleure organisation du travail) qui peuvent modifier à l'infini la production du travail. Enfin, il ne faut pas croire que le capital, dans l'état normal des choses, soit entièrement employé dans l'industrie comme capital. Toute industrie, dans l'emploi du capital, fait des déperditions. Par ex., les industriels ont une part de leur capital qu'ils destinent à leurs ouvriers. L'ouvrier reçoit, en même temps que ce qu'il faut pour vivre, la récompense de son travail. Il le reçoit pendant la production : c'est autant de pris sur le capital.

3 *Tout capital est une richesse.* — Les trois éléments de la production étant : les agents naturels, le travail et le capital, ce qui ne sera ni agent naturel ni travail et servira à la production ne peut être qu'un capital, c'est-à-dire, une richesse. Tout capital est nécessairement pris parmi les richesses existantes.

4° *Toute richesse n'est pas un capital.* — Les jouissances de luxe sont une richesse mais non un capital. Quant aux richesses thésaurisées, elles ne doivent pas entrer dans le fonds de production. Puisqu'il n'y a pas, à leur égard, d'intention devant être suivie d'un effet prochain, elles resteront un fonds flottant, vague, qui se portera soit vers le fonds de production, soit vers les consommations de jouissance. Il faut tenir compte de ce fonds flottant intermédiaire, mais ce n'est pas un capital.

En résumé, nous appelons capital l'ensemble des richesses soit déjà engagées dans la production, soit destinées à y être engagées par l'État ou par les particuliers. De là les solutions suivantes :

1° *La terre peut être un capital* ; en fait elle l'est très souvent. Du jour où le travail de l'homme l'a rendue plus utile et l'a appropriée, elle devient une richesse. Toutefois, nous ne prétendons pas que toute terre soit un capital, car il en est qu'on emploie à autre chose qu'à la production. A l'inverse, nous verrons que non seulement la monnaie n'est pas le seul capital ; mais qu'il est même contestable qu'elle puisse prendre ce nom.

2° *Le capital ne doit pas être pris dans un sens opposé à revenu.* — Si je verse 500 francs dans une société et que l'on me délivre, en échange, une action, cette action n'est pas un capital, car elle ne produit rien et ne sert à rien produire. Son rôle intéresse non la production, mais la distribution des richesses.

3° Les créances existant entre particuliers ne sont pas un capital. Elles n'ont encore d'effet qu'au point de vue de la distribution des richesses. Il faut en dire autant des droits réels : hypothèque, usufruit ; ils n'augmentent pas la production. La partie de la richesse qui ne sert pas à la production n'est pas un capital.

VARIÉTÉS DU CAPITAL. — On distingue : le capital fixe et le capital circulant.

a. *Capital fixe.* — C'est celui qui, survivant à la production, sert à produire toute une série d'œuvres : ainsi, l'outil, la machine, le fonds de terre, le bâtiment, etc…

b. *Capital circulant.* — C'est toute valeur échangeable, de sa nature, qui doit être absorbée dans l'œuvre de la production ou cesser d'exister comme capital : ainsi, les matières premières, l'argent pour payer les ouvriers, le combustible pour chauffer les machines, les grains pour ensemencer les terres, les aliments ; en un mot, tous les capitaux qui sont nécessaires à alimenter le capital fixe.

Intérêt de la distinction. — L'intérêt consiste à savoir si la production a ou non laissé subsister le capital. Cette distinction, toutefois, ne contredit pas la proposition ci-dessus émise, d'après laquelle le capital joue son rôle en se consommant ; la seule manière pour lui d'aider à la production, c'est de disparaître. En effet, quand on dit que le capital fixe ne disparaît pas par l'œuvre de la production, cette assertion n'est pas absolue. La différence entre les deux capitaux consiste en une différence du plus au moins. Le capital fixe disparaît par la production, d'autant plus vite qu'il produit plus d'œuvres de production. Le capital circulant se consomme tout entier par une seule production; le capital fixe ne se consomme que partiellement par une seule production. Le capital fixe sera plus long à produire; le capital circulant est formé d'une année à l'autre.

Équilibre entre le capital fixe et le capital circulant. — Sur la masse totale des capitaux, ce qui est pris aux capitaux fixes est enlevé aux capitaux circulants. L'accroissement du capital fixe doit être la conséquence d'une augmentation préexistante ou simultanée du capital circulant. Cet ordre ne serait pas respecté si, par ex., un meunier, après avoir fait construire trois moulins n'avait plus de quoi mettre son capital fixe en mouvement. De là, l'explication de certaines crises industrielles ou commerciales. De 1870 à 1872 la spéculation s'étant portée, en Amérique, sur la création d'une quantité considérable de lignes ferrées, les capitaux disponibles s'y étant engagés d'une façon excessive, cette circonstance a amené la pénurie des capitaux circulants et, en même temps, une dépréciation du travail, c'est-à-dire, la misère inévitable pour la classe ouvrière.

Faut-il ranger, parmi les capitaux circulants, le *produit achevé*, c'est-à-dire pour le filateur, le fil déjà filé ou l'étoffe déjà tissée? Il semble que le produit fabriqué soit non un capital mais une richesse, qui ne deviendra capital circulant qu'autant qu'elle sera épargnée. L'étoffe fabriquée permettra au filateur de se procurer, à l'aide de l'échange, du capital circulant.

III. Travail. — Le travail est tout effort volontaire de l'homme en vue d'obtenir un résultat quelconque; peu importe que le travail soit musculaire ou intellectuel. C'est l'agent le plus puissant de la production, l'unique source de la richesse sociale. Le résultat du travail est de produire une utilité quelconque, générale ou relative. De là, le travail du savant, du médecin, de l'auteur, n'intéressant pas la production, n'a guère d'importance au point de vue de l'économie politique.

Travail utile à la production. — On distingue :

1° *Le travail qui a pour effet direct la transformation d'un objet matériel*, c.-à-d. qui, directement, donne de l'utilité à une chose ou augmente cette utilité. Par ex. : le travail d'un ouvrier.

2° *Le travail qui transforme, en l'améliorant, l'un des trois éléments de la production.* — Ainsi, il y a des travaux qui n'ont pas pour objet direct de donner une forme nouvelle à un objet matériel, mais d'améliorer soit le travail, soit le capital, soit les agents naturels. Il perfectionne l'un des trois éléments à l'aide desquels les objets sont transformés et deviennent des richesses. Tel est le travail d'apprentissage, par lequel on se destine à concourir à la production. Ce travail n'a pas pour effet direct de créer une chose, de transformer un objet matériel, mais il crée une adresse, il perfectionne un travail qui, plus tard, sera employé à transformer la richesse.

De même, l'inventeur qui découvre un procédé nouveau de travailler, grâce auquel le travail produira plus de résultats. Il fait un travail purement intellectuel, mais il perfectionne le travail de ceux qui, plus tard, usant de la découverte, travailleront d'une façon plus productive.

3° *Le travail qui protège la production.* — Par ex., le travail de l'armée, de la marine, le travail du gouvernement, par l'intermédiaire de ses agents. Toutefois ces travaux intéressent la production d'une façon plus indirecte.

Nous ne nous occupons que du travail qui crée la richesse, car : 1° c'est le seul que l'on puisse étudier d'une façon précise; 2° c'est le seul qui soit rémunéré directement par le prix de l'objet créé. Les autres genres de travail ne sont pas ainsi rémunérés. Par ex., l'inventeur n'a pas le droit de prélever quelque chose sur ce qui est produit par son invention; de même le savant ne prend rien sur la valeur de l'objet créé.

Le travail, envisagé comme troisième élément de la production, parfaitement distinct de tous les autres, recevant une rémunération sur le prix de l'objet produit par le travail, ce travail s'appelle travail productif ou même *industriel*, auquel on oppose le travail improductif.

Pour que le travail acquière une véritable puissance productive, il faut que : de l'état de demi sauvage, l'homme arrive à un autre état, celui de la prévoyance. De ce jour, le travail commence à être suivi, à s'organiser ; et les aides, les outils, les machines, ne tardent pas à apparaître.

Conditions que le travail doit réunir pour acquérir sa plus grande puissance productive. — La première condition consiste dans l'organisation du travail, laquelle résulte nécessairement d'une coopération. Nous nous trouvons donc en présence de la coopération sociale. C'est le premier agent de l'organisation du travail. Elle comprend un vaste ensemble de phénomènes que l'on peut ramener à trois catégories, à savoir :

1° *La coopération simple.* — Plusieurs hommes se réunissent, joignent leurs efforts pour arriver à produire un résultat quelconque qu'un homme isolé n'aurait pas pu réaliser. Ainsi, des hommes attelés à un même câble pour faire arriver le navire dans le port.

2° *La division des professions.* — Les hommes se partagent entre eux les diverses professions, de manière que l'un produise constamment tel objet.

3° *La division du travail.* — Les hommes se réunissent dans le but de produire à eux tous un même objet : mais ils se divisent la besogne : chacun d'eux fait une partie différente de l'objet.

Ces deux dernières catégories de phénomènes se classent dans la division du travail, et si on groupe les trois phénomènes ensemble, on arrive à la coopération sociale.

UTILITÉ DE LA COOPÉRATION SOCIALE. — Il est facile de constater que chacun de ces phénomènes va augmenter la puissance productive du travail. Ainsi : la coopération simple permet à l'homme, par le groupement des individus, de centupler sa force musculaire. Plusieurs hommes, attelés à un même câble, feront arriver le navire dans le port.

La division des professions et du travail présente des avantages non moins appréciables. Ainsi :

a. En se spécialisant, en ne faisant qu'une chose, on arrive à faire beaucoup plus vite et beaucoup mieux et l'on évite des pertes de temps considérables.

b. Les outils sont mieux utilisés, le même individu ne peut pas les employer tous à la fois.

c. On perd moins de matière première pour l'apprentissage de l'ouvrier, la tâche étant plus restreinte et plus facile à apprendre.

d. La production sur une grande échelle devient possible, les frais généraux n'étant pas proportionnés à l'étendue de l'industrie.

Toutefois, il ne faut pas croire que cette augmentation de jouissance productive puisse être infinie. Et, d'abord, quant à la coopération simple, il y a un moment où la place manque. De même, la division des professions ne peut avoir lieu à l'infini. Il est certain que les professions sont d'autant moins susceptibles d'être divisées que la nation sera peu considérable. En effet, la division des professions ne peut subsister qu'à la condition que celui qui se voue à une unique occupation soit sûr de trouver, aux produits qu'il fabrique, des débouchés tout près. S'il ne trouve pas à les échanger, il ne continuera pas ce travail. Donc là où la population sera moins dense, la division des professions sera moins considérable.

Cette théorie a de l'intérêt notamment dans les *colonisations.* Les nouveaux colons ne doivent pas commencer par diviser le travail; par ex., ils se mettront tous aux travaux agricoles. Ce ne sera que quand on aura des avances qu'on pourra faire venir les artisans. De plus, les colons devront rester le plus possible groupés, afin que, cultivateurs et artisans soient toujours prêts aux échanges. Ce ne sera que lentement qu'on pourra s'étendre et en arriver à la situation des peuples civilisés. Cela est si vrai, qu'à partir d'un certain moment, les colons pourraient avoir avantage à faire venir à leurs frais de nouveaux colons.

Enfin, en ce qui concerne la division du travail dans l'atelier, là encore il faut une limite, car cette division deviendra inutile du moment où elle augmentera le travail sans augmenter la production.

Un autre phénomène qui vient changer les conditions économiques du travail consiste dans la création des outils et des machines.

Outils et machines. — L'outil, c'est la machine à l'état simple. La machine, c'est l'outil compliqué. Ils sont pour l'homme, comme des travailleurs agissant pour lui. L'homme a dans la machine une sorte d'esclave dont le travail est à sa disposition.

1° La machine augmente les forces productives, l'effet de la force musculaire de l'homme. Avec un moulin à bras, l'homme peut moudre par jour la nourriture de 25 personnes ; un moulin à eau suffit à la nourriture de 5,000 personnes.

2° Elle permet de faire des choses que, sans elle, l'homme ne pourrait pas réaliser. Ainsi, l'homme n'arrivera jamais à diriger un navire comme la machine peut le faire.

3° En augmentant la quantité des produits fabriqués, elle permet l'industrie en grand.

Effet — La machine tend à faire disparaître la coopération simple, précisément parce qu'elle augmente l'effort humain. C'est ainsi que le câble de traction cède le pas au remorqueur mécanique. Au contraire, la machine augmente la division des professions en augmentant le nombre des richesses et des besoins et en introduisant dans la masse des produits fabriqués plus de variétés. Ajoutons que les machines développent l'association.

CAUSES QUI PEUVENT INFLUER SUR LA VALEUR DU TRAVAIL. — Le plus ou moins de développement de l'organisation du travail n'est pas la seule cause qui puisse donner ou enlever de l'importance à la production. Les autres causes sont :

1° La situation morale de la nation, son plus ou moins d'honnêteté, les conditions plus ou moins bonnes au point de vue de la paix sociale.

2° Les forces physiques et intellectuelles de la nation. Les peuples occidentaux travaillent mieux que les peuples orientaux. Les machines tendent de plus en plus à assurer la supériorité au travail intelligent. Tout cela donne de l'importance à certaines questions relatives, par ex., à l'hygiène publique, au régime alimentaire, à la limite des heures du travail, à la réglementation du travail des enfants dans les manufactures, etc.

3° La liberté de travail. Le travailleur doit être libre et son travail ne doit être influencé par aucune pression autoritaire. Quand même il serait démontré que l'esclavage est une bonne chose au point de vue de la production, il vaut mieux encore faire un sacrifice de richesses que de priver l'être humain de la liberté. Mais il est évident que le travail esclave est inférieur au travail libre, car : 1° L'esclave n'ayant pas d'intérêt personnel et ne travaillant que par crainte des châtiments, son travail n'est ni aussi suivi ni aussi intelligent que celui de l'homme libre; 2° son maître le traitant comme une machine et obtenant de lui une main-d'œuvre à vil prix ne songe guère à remplacer le travail corporel par des agents mécaniques, ce qui a pour effet de laisser l'art industriel stationnaire.

Les Romains l'avaient compris, et du jour où ils se sont trouvés aux prises avec des difficultés économiques, ils ont inventé le *colonat*. Ils ont donné aux colons une sorte de situation libre avec un intérêt. L'esclavage ayant été aboli dans les colonies anglaises, de 1833 à 1839 et dans les colonies françaises, de 1815 à 1849, les esclaves devenus libres se sont transformés en colons : l'émigration a envoyé des travailleurs libres et la production, dans ces colonies, a pris un grand développement.

Le passage de la servitude à la liberté peut-il se faire sans transition ? On peut en douter. La servitude atrophie les facultés intellectuelles et l'on a vu des serfs refuser l'affranchissement. Après la guerre de sécession, le principe a été posé d'un affranchissement progressif. L'affranchissement s'est opéré plus graduellement encore au Brésil. En Russie, au contraire, l'acte de 1861 a affranchi les serfs d'un seul coup. Il n'y a pas eu les crises que l'on craignait ; et, dès maintenant, on prévoit une augmentation économique.

Des restrictions à la liberté du travail résultaient encore des castes, des corporations et des monopoles.

CASTES. — Il y a des peuples chez lesquels les professions de toute espèce sont attachées à certaines catégories de personnes, classées d'après la naissance. On naît de telle caste et cette caste seule peut exercer telles fonctions.

CORPORATIONS DE MÉTIERS. — Formées au moyen âge, entre associés du même métier, elles avaient pour objet de résister aux exactions des seigneurs; mais elles ne tardèrent pas à constituer une sorte de féodalité industrielle et à comprimer le mouvement économique. Ainsi :

1° En limitant le nombre des corporations, elles arrêtaient l'essor de l'industrie et étouffaient tout esprit d'invention.

2° En déterminant les procédés de fabrication, les matières à employer et jusqu'au nombre de fils des divers tissus, elles ne laissaient aucune initiative à l'inventeur.

3° En accaparant le travail et en cherchant à exclure les étrangers, elles décourageaient un grand nombre de vocations industrielles.

4° En soumettant à un long apprentissage et à la nécessité de faire le chef-d'œuvre que la profession comportait et au payement de sommes plus ou moins considérables pour être admis à la maîtrise, on constituait une sorte de caste industrielle et un monopole dont elles abusaient en élevant le prix des produits.

5° En constituant des privilèges, les rivalités entre corps de métiers engendraient des procès du plus haut burlesque. Tel est celui des cordonniers contre les savetiers, qui ne devaient pas raccommoder plus du quart de la chaussure.

MONOPOLE. — Au système des corporations de métiers succéda celui du monopole. Le travail devint une concession royale; le droit au travail fut regardé comme un privilège que le roi seul pouvait concéder.

Organisation sociale des peuples modernes. — Au début des sociétés, un groupe se forme, qui est le premier lien social : c'est la famille. Elle prend des développements considérables et groupe sous son autorité les membres qui s'y rattachent. A cette autorité de la famille succède l'autorité de l'Etat ; puis quand l'Etat est bien affermi, l'individu lui fait la guerre, on le refoule et réduit son rôle à l'indispensable.

On peut se rendre compte de ce qui produit ces trois phénomènes. Le premier lien qui peut exister entre les hommes, c'est le lien de famille. Il sort de la nature même. Cependant, si les hommes s'en tenaient à ce que la nature exige, ce lien ne prendrait pas de développements excessifs. La famille a, dans son début, pour effet de grouper les enfants autour des parents ; puis, dès qu'ils peuvent se suffire, le lien de famille s'évanouit.

Mais les choses ne subsistent pas ainsi sous l'influence, notamment, des idées religieuses. La famille se groupe de plus en plus et ce groupement établit un véritable pouvoir absolu.

A ce moment, le premier groupe social s'est formé. L'homme ne fait partie de la société qu'à titre de membre de la famille. Ces familles s'agrandissent par la naissance et par l'adoption. A mesure qu'elles s'agrandissent, elles tendent à se fractionner ; et, en même temps, devenant plus fixes, les familles voisines tendent à se grouper pour former une *tribu*.

Du jour où plusieurs tribus sont devenues des associées, elles sentent le besoin de constituer une autorité. De là, l'Etat. Mais son rôle est d'abord très restreint ; et pour ce qui se passe dans l'intérieur de chaque famille, le chef de famille reste le maître absolu de toutes les activités de ses membres, qui doivent s'exercer dans le sein de la famille.

Ce groupement a amené la naissance de l'Etat, que l'individu va appeler à son aide pour lutter contre la famille. On voit l'union se faire entre l'individu et l'Etat, qui tend à étendre son autorité. Peu à peu la famille s'éparpille, l'autorité du chef s'amoindrit ; qui est-ce qui en récolte les fruits ? C'est la tyrannie de l'Etat succédant à la tyrannie de la famille, car les individus se sont imparfaitement groupés entre eux. L'Etat, après avoir écrasé la famille, écrase les individus. Alors, c'est la lutte des individus contre l'Etat et ils triomphent.

Cependant, on ne peut pas prétendre que l'effet définitif de tout cela soit la suppression de l'Etat ou de la famille. Aujourd'hui la famille subsiste ; mais ce n'est plus qu'un lien du sang : elle a cessé d'obtenir cette autorité exagérée qu'elle a eue pendant longtemps ; de même dans la lutte de l'individu contre l'Etat, il ne s'agit pas de faire disparaître ce dernier, mais de restreindre son autorité. L'individu arrive à prendre sa véritable importance aux dépens de la famille et de l'Etat.

Influence de la famille et de l'État sur l'organisation du travail. — Tant que la famille n'est que l'expression des liens du sang, nous n'avons aucun groupement véritable, aucune organisation du travail. Sans doute, quelques faits de coopération simple se rencontrent ; mais ce sont des faits de hasard, des faits spontanés.

La famille se développe sous l'influence de ces deux faits :

1º Ou ces peuples nomades, qui vivaient jusque-là de la chasse et de la pêche, trouvent tels endroits où les productions naturelles sont constantes. Dans cet état, la famille peut se développer ; les vieillards qui, jusque-là étaient une gêne, vont établir leur autorité.

2º Ou ils se transforment de chasseurs et de pêcheurs en peuples pasteurs, sans cesser d'être nomades. Cette transformation se développe sous l'influence de la famille. Désormais, les vivres sont assurés, les voyages deviennent plus lents. Dès lors, l'autorité du chef de famille s'établissant, on arrive encore à une famille fortement constituée.

Cette première organisation aura de l'influence sur le travail. Dans le sein de cette famille, il va se faire une division du travail : il y aura une famille qui sera comme un atelier.

Mais cet état même de peuple pasteur, qui favorise le développement de la famille, empêche le groupement par tribus. C'est pourquoi, l'élément Etat qui est indispensable pour que, de la première organisation nous passions à la seconde, a de la peine à paraître.

Enfin il arrive un moment où ces peuples découvrent l'agriculture. Ils cessent d'être nomades et deviennent stables. C'est de ce jour que l'Etat naît.

La famille, d'ailleurs, subsiste à cette époque. Mais du jour où l'Etat est né et où les peuples sont devenus fixes, des causes de désagrégation de la famille vont se développer par le caractère guerrier.

La guerre produit deux résultats principaux : d'une part, elle engendre l'esclavage. Désormais, il y aura au-dessous du maître toute une population d'esclaves pour ensemencer et faire la récolte. Ces occupations guerrières auxquelles s'adonnent les jeunes, sous les ordres du chef, vont développer en eux un esprit d'indépendance. C'est désormais la lutte contre la famille avec le secours de l'Etat. Vienne une invasion, l'autorité du chef de l'armée va se développer, car l'invasion met en question la sécurité même de ces chefs. La famille va s'affaiblir et l'autorité de l'Etat s'augmente.

Désormais, il faut qu'une première invention détermine ce peuple devenu fixe à se livrer à l'industrie. Alors, nous arrivons à l'Etat industriel, à l'aide duquel l'indépendance de l'individu va se développer, au point de combattre l'Etat.

Toutefois, un peuple ne passe pas nécessairement par ces quatre états. Il y en a un, notamment, qu'il peut éviter : c'est l'état de peuple pasteur. Il suffit qu'une nation, pour ne pas y passer, trouve plus facilement les inventions industrielles. On constate que, dans les Amériques, il n'y avait pas de peuple pasteur.

Histoire du travail en France. — A l'époque de Tacite, les Germains n'étaient pas un peuple à l'état primitif. Ils avaient traversé une période où la famille était fortement constituée. On connaît l'histoire des vengeances de famille, la *faida*. L'ordre des successions ne comprend que les parents mâles. C'est là une preuve d'une forte concentration de la famille. De nomades qu'ils étaient, ils sont devenus un peuple fixé, mais doué d'une extrême mobilité. La tribu elle-même se transporte aisément pour faire la guerre. Ils n'en sont encore qu'à la propriété commune. Tous les ans, les terres sont distribuées entre les *vici* et ensuite entre les familles. Il n'y a pas cette attache spéciale qui résulte de la propriété individuelle.

L'esclavage existe. Ce ne sont pas les Germains qui travaillent et cultivent, ce sont les esclaves. Quant aux hommes actifs, ils sont guerriers et se groupent autour du chef. Ils méprisent les travaux des champs et préfèrent l'ennemi et les blessures. A l'époque de Tacite, le *mundium* ou puissance du chef sur les membres de la famille est en pleine décadence. Arrive l'invasion, le chef militaire prend de plus en plus d'importance. En contact avec les Gallo-Romains, les Germains comprennent la propriété individuelle. La distribution des terres faite par le chef groupe à nouveau les intérêts. Les terres sont cultivées par l'assemblage de tous les anciens esclaves ou colons, qui forment la classe des serfs.

On pouvait espérer que, quand la conquête serait établie, ces guerriers redeviendraient des propriétaires adonnés à la culture. Il n'en fut rien. A la fin du ixe siècle, le pouvoir royal est brisé et tous les puissants se saisissent de ces débris. La propriété se saisit d'une partie de la souveraineté et engendre la féodalité. Alors, à la tyrannie de la famille succède la tyrannie de l'État, d'autant plus qu'elle s'exerce par les mains de tous les seigneurs. La première partie du moyen âge n'est que l'oppression de la Gaule par les seigneurs féodaux.

Dans une deuxième période, on voit qu'il s'est fait une certaine organisation. Dans les campagnes, on connaît les communautés serviles. L'oppression des seigneurs a produit cet effet inattendu de reconstituer la famille. C'est un groupement de toute la famille autour de son chef.

Dans les villes, une organisation s'est faite qui va tuer l'oppresseur au moyen des corporations et de l'établissement des communes. C'est la lutte des communes contre la féodalité, aidées par le roi. Le travail se dégage de la féodalité, grâce aux corporations, qui ne tardent pas d'ailleurs à devenir des forces d'oppression. Le roi, vainqueur de la féodalité, se retourne contre les communes, soumet les corporations à sa réglementation et leur impose l'obligation de respecter les monopoles qu'il accorde à certaines personnes.

Au xviiie siècle, le mouvement philosophique réclame l'affranchissement de tous les serfs et la suppression des corporations. Sous Louis XVI, le servage est supprimé.

En 1789, un des premiers actes de l'Assemblée constituante est d'abolir les corporations ; le travail devient libre.

État actuel des peuples industriels. — Il se caractérise par les traits suivants :

1° *Liberté du travail.* — Toutefois, le gouvernement réglemente encore, sur certains points, le travail. Ainsi, il y a les lois prohibitives du travail des enfants dans les manufactures ; il y a encore des monopoles, des professions fermées, telles que la médecine, la pharmacie, etc...

2° *Développement de la coopération sociale.* — Plus que jamais, pour la confection d'un ouvrage, on se groupe : l'industrie prend la forme d'une industrie en grand.

3° *L'industrie moderne est armée d'engins très puissants.* — Elle a à sa disposition des machines, etc. Le résultat est un immense accroissement dans la force productive, accroissement qu'il faut accepter nonobstant les critiques dirigées contre l'état industriel moderne. A la tête de ces critiques, il faut placer Le Play, l'auteur célèbre des *Ouvriers européens.*

Système de Le Play. — Il distingue :

A. *Les races simples*, celles qui vivent par petits groupes, à l'état nomade. Pour ces races, il faut une forte organisation de la famille. Trois traits la caractérisent :

1° L'autorité absolue du père de famille, qui met ses soins à empêcher que les jeunes ne se livrent à leur instinct, qui est celui du désordre.

2° Le choix, par le père de famille, avant sa mort, de celui de ses enfants qui est le plus apte à lui succéder et à qui il laisse le soin de veiller à la sécurité de la famille.

3° L'émigration rationnelle par laquelle il écarte ceux des jeunes membres que l'autorité paternelle n'aurait pas réussi à contenir.

B. *Les races compliquées.* — Pour ces races, la solution est plus difficile. Le principe consiste à toujours combattre l'instinct du désordre. Pour cela, il faut rétablir toutes les autorités ; c'est seulement dans le maintien de ces forces compressives qu'on arrivera à rétablir la paix. Si les sociétés modernes ont perdu la stabilité, le développement industriel a beaucoup à se reprocher dans cet état de choses, car, dans cette grande évolution historique, le développement du travail se produit parallèlement avec le décroissement de l'autorité de la famille et de l'État. L'effet du progrès industriel est de substituer le travail dans la manufacture à l'ancien travail au foyer domestique. Jadis, l'industrie n'étant qu'un accessoire de l'agriculture, on ne lui demandait qu'un simple supplément de bien-être, de sorte que, si une crise se produisait, la sécurité de la vie n'en était pas entamée. Du jour où certaines familles abandonnèrent les travaux agricoles, la sécurité fut moindre ; mais au moins ce travail industriel se faisait au foyer domestique. Aujourd'hui encore, à Lyon, la fabrication de la soie n'a pas amené cette agglomération d'ouvriers dans un même local. Les ouvriers travaillent chez eux, à leur foyer, pour le compte des négociants qui leur font les avances des matières premières. C'est là, d'après Le Play, la vraie manière de comprendre le travail industriel. D'ailleurs, ce travail qui avait lieu dans la famille tend à disparaître. A Lyon même, on commence à grouper les ouvriers dans les manufactures.

En outre, l'accroissement de l'industrie paraît à Le Play produire un résultat pire encore. Autrefois, le travail industriel n'était que l'accessoire de l'agriculture : la sécurité de celui qui s'y livrait n'était pas entamée. Aujourd'hui, il en est autrement. De là, des défiances vis-à-vis de la classe supérieure, qui ont amené à considérer les patrons comme responsables des malheurs de la classe ouvrière, l'ouvrier, de son côté, ne devant pas de reconnaissance au patron ; de là, les antagonismes sociaux.

A côté de ces critiques si larges, il s'en est produit de spéciales, notamment adressées aux machines.

Critiques dirigées contre les machines. — 1° *Elles rendent impossible le développement intellectuel de l'ouvrier.* L'homme devient esclave de la machine : il faut qu'il soit là à l'heure dite. — Il est démontré, au contraire, que le rôle de la machine laisse à l'ouvrier le travail intellectuel. Diriger une machine, c'est faire œuvre d'intelligence.

2° *Elles exproprient l'ouvrier de son travail, le chassent de l'atelier.* — Là où dix ouvriers étaient nécessaires pour la fabrication, on n'en conserve qu'un : la machine fait l'œuvre des neuf autres. — Sans doute, à l'époque même où, de l'atelier on passe à la manufacture, il est possible qu'il y ait des ouvriers qui manquent momentanément de travail ; mais ils en trouveront dans d'autres ateliers.

3° *L'emploi des machines engendre un excès de production qu'il devient désormais difficile de réglementer.* — Cette discordance entre la consommation et la production ne se conçoit guère. Pour avoir une machine, on ne cesse pas de se préoccuper de la manière dont on doit produire.

4° *L'emploi des machines engendre le travail par soubresauts.* — De là, des crises commerciales dont l'ouvrier est incessamment victime. — Les machines amènent une circulation de marchandises jusque-là inconnue. De plus, avec les machines on engage des capitaux énormes ; on évite de laisser des capitaux inutiles, et c'est l'ouvrier qui en profite.

Quant à cette objection de Le Play, d'après laquelle l'industrie contribue à la rupture de tous les liens hiérarchiques et aide au développement des antagonismes sociaux, elle ne paraît pas plus fondée. En effet, il n'est pas mauvais que l'autorité si absolue de la famille ait disparu, car elle était arrivée à dépasser les pouvoirs légitimes qui lui appartiennent, elle était devenue un pouvoir tyrannique. D'autre part, il ne faut pas non plus regretter l'indépendance de l'ouvrier vis-à-vis du patron. Le contrat, voilà la seule base légitime sur laquelle puisse s'établir l'accord entre le patron et les ouvriers.

Finalement, les machines amènent une réduction dans le prix de revient des marchandises manufacturées ; elles rendent le travail moins rude et les accidents moins nombreux ; elles permettent d'éviter les déchets des matières premières ; elles activent le travail (la presse Marinoni tire jusqu'à 36 000 journaux à l'heure, etc.

DES DIVERSES INDUSTRIES

Après avoir étudié chacun des trois éléments avec lesquels l'homme produit (agents naturels, capital, travail) faisons-en l'application aux diverses industries.

Agriculture. — Si l'homme se bornait à demander aux forces naturelles ce qu'elles peuvent lui donner, s'il ne cherchait pas à modifier l'action des agents naturels, il ne produirait pas long-temps sur la même terre ; d'autre part, il serait obligé de renoncer à la culture des terrains qui ne sont pas fertiles. Mais le travail et l'emploi des capitaux viennent modifier cet état de choses.

CULTURE EXTENSIVE OU SYSTÈME DES JACHÈRES. — Le premier moyen que l'homme ait trouvé, c'est, lorsque la terre est épuisée, de passer à une autre et de la laisser se reconstituer sous la double influence de l'eau qu'elle recevra et de l'atmosphère, qui contient en grand nombre les substances du sol. C'est ainsi que, dans l'ouest de la France, on cultive la terre pendant trois ans en céréales, pendant trois ans en fourrages et la septième année, on ne lui demande rien du tout. Après ce laps de sept ans, la terre est prête à recommencer un nouveau cycle de production.

Inconvénients du système des jachères. — 1° La terre soumise à ce régime ne donne pas une pro-duction continue.

2° La terre infertile reste stérile, par suite du défaut d'emploi des capitaux pour l'améliorer. En outre, l'emploi de ce système implique une grande masse de terrains à exploiter.

CULTURE INTENSIVE. — Ce système demande aux plantes le secret de leur naissance, soit qu'elles se développent sous la double influence de l'eau qu'elles reçoivent et des matières organiques décom-posées qu'elles trouvent dans le sol et qu'elles s'assimilent : soit qu'on restitue au sol, au moyen des engrais, ce qu'une récolte lui a enlevé. De là, l'usage des cultures alternes sur un champ qui ne se repose jamais, ou *système des assolements.* En effet, d'une part, la succession des cultures pro-duit un certain repos de la terre, résultat analogue à celui de la culture extensive à l'aide des jachères. Ainsi, une première récolte a puisé dans le sol une certaine quantité de matières quel-conques ; si vous demandez à la terre une récolte qui lui emprunte d'autres éléments, il y aura pour la terre un repos relatif pendant lequel les premiers éléments se reformeront. — D'autre part, on peut restituer à la terre, par l'intermédiaire de la deuxième récolte, les éléments qui lui ont été enlevés par la première. C'est ainsi, qu'après une culture de froment, le trèfle empruntant à l'atmos-phère la plupart de ses éléments, il suffira que le cultivateur laisse en terre les racines de cette plante, qui va servir d'intermédiaire entre l'atmosphère et la terre pour la reconstituer. Ce système de cultures améliorantes aidera puissamment à la reconstitution de la terre au moyen de la deuxième récolte.

On devra encore tenir compte des eaux et des bois. L'abondance des arrosages est une condition es-sentielle de la fertilité de la terre. Chose plus curieuse, cette nécessité de l'eau entraîne la nécessité du boisement. La suppression des bois cause immédiatement la sécheresse de la contrée où ils étaient antérieurement.

RÉSULTATS DE LA CULTURE INTENSIVE. — La culture intensive donne des résultats infiniment supé-rieurs à la culture extensive. Cependant certains pays maintiennent cette dernière culture. Cela peut tenir, outre la difficulté qu'il y a à faire pénétrer les idées dans les masses, aux causes suivantes:

1° La qualité du terrain. Le terrain peut ne pas être suffisamment fertile pour comporter une cul-ture intensive.

2° L'absence de nombreux capitaux jointe à la possession de terrains considérables. Si les terres ne sont pas d'une grande valeur on trouve commode de faire une culture des plus simples qui n'exige pas de capitaux.

3° L'absence de larges débouchés. Si la culture extensive donne à l'agriculteur tout ce qu'il peut vendre, il ne choisira pas la culture intensive.

4° Le plus ou moins d'éloignement du marché sur lequel se fait la vente. A mesure que l'éloi-gnement augmente, le cultivateur sera plus tenté de se contenter de la culture extensive, car, ses produits devant être grevés de frais de transport, sa première pensée sera de produire à bon mar-ché avec peu de capitaux.

Un économiste supposant un État idéal avec une ville unique, ne pouvant s'approvisionner du de-hors, classe de la manière suivante les terres de production :

a. La zone la plus rapprochée de la ville serait affectée à la culture jardinière ou maraîchère, at-tendu que ces terres ont une trop grande valeur pour pratiquer le système des jachères.

b. La deuxième zone serait affectée à la culture forestière, pour la construction et le chauffage, afin d'éviter les frais de transport des bois, frais qui sont considérables.

c. La troisième zône serait affectée à la culture alterne des céréales et des fourrages, par le système intensif.

d. La quatrième zône serait affectée à la culture extensive afin de remplacer, par la parcimonie des capitaux, les frais de transport.

e. La cinquième zône serait affectée aux pâturages. Elle réclame de grands espaces; d'autre part, les produits animaux supportent, proportionnellement à leur valeur, moins de frais de transport que les grains.

CLASSIFICATION DES DIVERSES INDUSTRIES. — J.-B. Say distingue :

1° *Les industries extractives,* demandant à la terre toutes les matières premières. Il y fait entrer aussi bien l'agriculture que les mines.

2° *Les industries manufacturières,* comprenant toutes les industries qui transforment les matières premières.

3° *Les industries commerciales,* comprenant aussi bien l'industrie des transports que celle des détaillants et des commerçants.

Cette classification ne distingue pas suffisamment des industries qui ne se ressemblent guère. C'est ainsi que l'agriculture est mise dans la même catégorie que les mines.

Dunoyer distingue : 1° les industries extractives; 2° l'industrie agricole; 3° l'industrie manufacturière; 4° l'industrie des transports ; 5° l'industrie commerciale proprement dite.

M. Cauwès, simplifiant Stuart Mill, distingue :

1° Les industries qui forment des produits inachevés destinés à des transformations ultérieures.

2° Les industries qui ont pour objet des travaux indirectement utiles à la production.

3° Les industries qui forment ou livrent des produits inachevés, c'est-à-dire directement applicables à des consommations de jouissance.

Industrie proprement dite. — L'industrie proprement dite, comme l'agriculture, s'adresse à la terre. La terre, en effet, apparaît comme la seule chose que l'homme ait en sa puissance. Il va lui demander :

1° Des matières premières pour en faire des richesses : la laine dont il fera ses vêtements, les plantes nécessaires à la nourriture des animaux, le coton, le chanvre, le lin, avec lesquels il fabrique des tissus. De là, *l'agriculture industrielle.*

2° Du minerai, du fer, pour en faire des outils. Il va ouvrir les mines pour demander le minerai à la terre ainsi que le charbon, car il ne peut rien faire sans combustible. De là, *l'industrie minière.*

3° Muni du minerai et du charbon, l'homme va extraire le métal. De là, *l'industrie métallurgique.*

4° Quand il se sera procuré les matières premières, il avisera à les transformer. Ainsi, il transformera le lin, le coton, la laine, en tissus. De là, *l'industrie manufacturière.*

5° Quand il aura demandé à la terre des matières premières, des outils et du charbon et qu'il les aura transformés, vient l'industrie qui a pour objet de transporter le produit, de l'endroit où il a été fabriqué, à l'endroit où il sera consommé. De là, *l'industrie des transports et des détaillants* ou industrie commerciale.

Pour que la production puisse suivre son progrès, il faut nécessairement que le développement de chacune des industries se produise proportionnellement et simultanément, dans tous les degrés de cette sorte de hiérarchie productive. De là pourrait résulter, à certains moments, une gêne pour un peuple si l'industrie des transports n'élargissait le champ de production. Etant donné un peuple isolé, si l'industrie des transports est peu développée, il faudra que, dans chaque région, toutes les branches d'industrie soient représentées. Et même, il y a des peuples qui produisent en quantités certaines matières premières et qui ne sont pas outillés pour les travailler. Tel est le coton en Amérique. Il y aurait là des masses de matières premières qui seraient perdues, si l'industrie des transports ne les amenait pas en Europe.

Coment comprendre qu'un peuple qui produit en masse une matière première n'établisse pas des usines, des manufactures pour les travailler ? On peut en donner les raisons suivantes :

a. Certains peuples ne sont pas dans la voie du progrès ; ils ne peuvent pas renoncer à l'agriculture.

b. Il faut tenir compte des tendances du caractère de chaque nation : tel peuple a le génie manufacturier, tel autre se livre à la culture ; l'équilibre s'établit.

c. Pour fabriquer un produit, il faut plusieurs consommations productives. Par ex., pour transformer le coton en étoffe, il faut du charbon. Or, peut-être que le peuple qui produit le coton n'a pas le charbon; il faudrait en faire venir, à moins qu'on n'envoie le coton au pays qui le travaille.

Toutefois, le développement de ces industries ne s'est pas produit rigoureusement dans cet ordre. Il est évident que toutes les industries se développent ensemble. Ainsi, l'industrie des mines ne peut acquérir son plein développement qu'avec l'industrie métallurgique.

THÉORIE DE LA RENTE DE RICARDO

Ricardo, économiste anglais du commencement de ce siècle, cherchant à déterminer quelles sont les lois qui dominent, dans l'agriculture, l'acquisition de certains bénéfices, raisonne ainsi :

1° *Il y a une rente.* — Dans la production agricole, il est possible que le propriétaire, après avoir exploité la terre, recueille quelque chose qui ne soit ni ses capitaux, ni son travail. Ce bénéfice, qui se rapporte seulement au plus ou moins de fertilité, à la force productive de la terre, c'est la *rente de la terre.* Dans le fermage, il faudrait faire deux parts : l'une, constituant un intérêt proprement dit, correspondant à toute valeur fixée sur le sol, mais non confondue avec lui. L'autre part constituerait la rente foncière et serait le prix des qualités naturelles et indestructibles du sol.

2° *La rente a une tendance constante à augmenter à mesure que la civilisation progresse.* — En effet, puisque la rente est une petite portion de richesse que le propriétaire reçoit: puisque c'est le payement de la fertilité de son champ (la rente est la différence qui existe entre la fertilité d'un champ et la fertilité d'un autre champ): dès lors, plus un champ aura d'avantages sur un autre au point de vue de la fertilité, plus sa rente augmentera. Si la rente augmente, la différence entre la fertilité du champ le plus fertile et la fertilité du champ le moins fertile augmente. Donc, à mesure que la civilisation progresse, les progrès que doit faire l'agriculture deviennent plus difficiles ; donc les aliments tendent à augmenter de prix.

FONDEMENT DE LA THÉORIE DE RICARDO. — Ricardo suppose que les terres étant naturellement inégales en fertilité, ce sont les plus fertiles qui ont été cultivées les premières, ce que l'on peut formuler ainsi : inégalité de fertilité naturelle et mise en culture des terres selon le degré décroissant de fertilité. Un peuple jeune commence par cultiver uniquement les terrains les plus fertiles. Avec l'augmentation de la population, il passera des champs les plus fertiles à des champs moins fertiles et quittera les vallées pour les sommets.

RÉFUTATION. — Cette théorie, admise par toute l'école anglaise, a été péremptoirement réfutée par l'américain Carey, qui conclut que l'homme n'a pu commencer que par la culture des terres maigres et faciles. Ce n'est que plus tard qu'il est descendu dans les vallées et qu'il a mis en culture ces terrains qui, présentant une couche de terre végétale profonde, formée par les débris de la vie végétale et animale, sont d'une grande fertilité. Comment les premiers colons auraient-ils distingué les terres les plus fertiles? D'ailleurs, ces terres, qui sont les alluvions des vallées, sont couvertes de forêts et de marais. Défricher les unes, dessécher les autres exigerait une grande puissance de travail ainsi que des instruments et des capitaux. Au contraire, les terrains secs et légers des hautes terres sont ceux dont la culture est la plus facile, vu le peu d'épaisseur de la couche arable.

D'autre part, est-il possible d'admettre que le progrès de la civilisation se combine avec le progrès de l'industrie et non avec le progrès agricole? C'est en vain qu'on objecte que la terre étant un agent limité dans son étendue, il est naturel qu'il y ait une loi spéciale qui la gouverne, car l'industrie ne dépend-elle pas de la terre : n'est-ce pas dans son sein qu'elle trouve toutes ses matières premières ? En réalité, l'association humaine dans son développement devient de plus en plus puissante pour agir sur les agents naturels ; et si l'on ajoute que l'homme, après avoir conquis les bonnes terres s'attaquera aux terres moins fertiles, on répond qu'il améliorera de préférence les terres déjà cultivées : en appliquant constamment son travail à la même terre, une grande partie de ses capitaux dépensés prendra le caractère de capital fixe, de capital améliorant.

Ajoutons que si l'on arrive à mettre en culture les terres qu'on avait abandonnées comme moins fertiles, on le fait avec des procédés nouveaux, et ces terres ne deviennent pas moins fertiles que les autres. Avec les progrès faits actuellement par la science agricole, il n'est plus sérieux de distinguer les terres en fertiles et non fertiles. La vérité, c'est qu'il y a des terres plus ou moins faciles à cultiver. Cependant le Clos Vougeot rend d'une façon exceptionnelle.

Observons que Ricardo tenait compte encore d'un élément qu'il faut négliger aujourd'hui. Il assimilait à la non fertilité la situation des terres plus ou moins favorable au point de vue de la proximité du marché. Aujourd'hui, nos voies de transport ont supprimé cette différence.

Au besoin, si ces arguments n'étaient pas suffisants, il y a un grand principe qu'il faut appliquer: c'est l'importation. On est étonné de voir un économiste libre-échangiste comme Stuart Mill, qui adopte la théorie de Ricardo, prétendre qu'un peuple sera obligé, pour se nourrir, de mettre en culture les terrains les moins fertiles, alors qu'il y a des millions de terrains, dans certaines contrées, très faciles à cultiver.

En résumé : 1° La rente, en tant qu'elle provient de ce fait que les différen'es pièces de terre ne sont pas également fertiles et ne donnent pas le même produit pour le même travail, n'existe pas ; il n'y a que des terres plus ou moins faciles à cultiver.

La loi de production agricole ne diffère pas de la loi de production industrielle.

2° Les progrès agricoles augmentent avec les progrès de l'industrie.

3° Pour augmenter la force productive naturelle de la terre, il n'est pas nécessaire de cultiver des terres peu fertiles, il suffit d'améliorer les terres en culture, par l'association, les capitaux, les machines, etc.

4° La tendance à la cherté des subsistances s'explique par d'autres causes que la nécessité de cultiver des terres moins fertiles par suite de l'insuffisance des terres plus fertiles.

D'après certains économistes, au contraire, il y a des terres qui ont plus de valeur que les autres, parce qu'elles se prêtent à rapporter davantage avec la même quantité de travail et de capitaux. Ainsi, les crus des grands vins. La théorie de la rente de Ricardo serait donc exacte; il y aurait même lieu de l'appliquer non seulement à la terre, mais encore aux mines et à l'industrie. En effet, supposons deux mines dont l'une à fleur de terre est d'une exploitation facile, tandis que l'autre, très profonde, demande pour son exploitation de gros capitaux. De même, supposons deux industries dont l'une est près d'un cours d'eau et l'autre plus éloignée de cette voie de transport.

DE LA POPULATION

La population d'un peuple et sa composition ont une grande influence en matière d'économie politique. En effet, là où le travail augmente, la production augmente aussi. Si la population est insuffisante, la production ne pourra pas prendre une grande extension. Toutefois, pour qu'un peuple produise beaucoup, il ne suffit pas que sa population soit très nombreuse, il faut encore qu'elle offre une composition convenable. Ainsi, chez un peuple où l'on constate beaucoup d'enfants, s'ils meurent avant l'époque où ils seraient aptes au travail, il ne faut pas les compter pour la production. D'autre part, il faut se préoccuper du point de savoir si l'augmentation de la population coïncide avec l'augmentation des subsistances.

Loi de Malthus. — Malthus, économiste anglais, mort en 1835, publia en 1798 un *Essai sur le principe de la population*, qui eut un immense retentissement. D'après Malthus, la population et la production des richesses ont des rapports absolus et directs. La production des moyens d'existence apporte une limite au développement de la population. Celle-ci tend à croître au moins jusqu'à la limite des moyens d'entretien. Le mouvement d'accroissement de la population et le mouvement de progression des moyens d'existence n'obéissent pas aux mêmes lois. De là, ces deux formules:

1° *Lorsque la population n'est arrêtée par aucun obstacle, elle croît de période en période selon une progression géométrique.*

2° *Les moyens de subsistance, dans les circonstances les plus favorables à l'industrie, ne peuvent augmenter que selon une progression arithmétique.*

En d'autres termes, la race humaine croît comme les nombres 1, 2, 4, 8, 16, 32, 64, 128, 256; tandis que les subsistances croissent comme ceux-ci : 1, 2, 3, 4, 5, 6, 7, 8, et 9. Il y a donc dans la population une tendance à dépasser, pour ainsi dire indéfiniment, les moyens de subsistance.

En fait, on a beaucoup de mal à trouver des peuples où cette progression géométrique se rencontre. Cela tient aux obstacles suivants qui sont venus empêcher l'augmentation de la population.

1° *Le moral contraint*, l'abstention volontaire du mariage, ou la volonté pendant le mariage de ne pas avoir d'enfants.

2° *Le vice et la misère.* La débauche, la prostitution, la polygamie détruisent la fécondité.

3° *La misère, les fléaux, les famines qui frappent l'humanité.*

Sans doute, les fléaux, les famines, les épidémies empêchent ce défaut d'équilibre entre la progression de la population et la progression des moyens d'existence ; mais il y a un autre moyen auquel on devrait faire appel : c'est l'abstention volontaire, la prudence, qui vient empêcher qu'un homme ne produise plus d'enfants qu'il ne peut en élever: il faudrait se faire un devoir de n'avoir des enfants qu'à la condition de pouvoir les nourrir.

Il y a un fond de vérité dans la théorie de Malthus. Son but n'était pas d'empêcher de naître des hommes ayant les moyens de soutenir leur existence dans toutes les conditions désirables d'hygiène et de dignité, mais seulement de mettre obstacle à la procréation de malheureux destinés à la mort ou à la souffrance et à l'abrutissement. Malthus a rendu service a l'humanité en mettant en lumière cette idée : que la véritable morale n'est pas celle qui conseille de créer des enfants quand même, mais de proportionner le nombre des enfants à la limite des subsistances. Il y avait là un danger véritable, un principe de confiance exagérée qui menait les peuples à des catastrophes.

Mais il a donné une forme trop absolue à sa doctrine. Il y a longtemps, d'ailleurs, que ses disciples ont reconnu qu'il n'y avait pas là une rigueur mathématique, et que Malthus avait seulement voulu mettre en relief deux mouvements qui ne concordent pas. Au surplus, même dans ces conditions, sa doctrine est exagérée. Il n'est pas démontré, en effet, qu'on puisse fixer des limites à la rapidité de l'augmentation de la production des richesses. A ce point de vue, Ricardo et Malthus se rencontrent. D'après eux, la production des richesses serait limitée d'une certaine manière. C'est là une thèse qui n'est nullement justifiée. D'autre part, on ne voit pas que la population apparaisse comme ayant une tendance à dépasser les moyens d'existence. En France, au contraire, les moyens d'existence ont dépassé la population. En Angleterre, de 1865 à 1875, la population ayant augmenté de 10 0/0, les richesses se sont accrues de 11 0/0. S'il en est autrement dans certains pays, par ex., en Irlande, c'est qu'il y a là une mauvaise organisation de la propriété et de l'industrie.

Malthus a donc eu tort de vouloir poser une loi générale et d'en tirer les conséquences avec une rigueur absolue. S'il y a défaut d'équilibre chez un peuple entre l'accroissement excessif de la population et les moyens d'existence dont il dispose, qu'il émigre et qu'il ait moins d'enfants.

M. Cauwès réfute la doctrine de Malthus par la démonstration des propositions suivantes :

1º Il y a invraisemblance à ce que, d'une manière constante, la population soit en excès.

2º Dans les conditions normales, la puissance industrielle et le bien-être effectif augmentent plus qu'en proportion directe avec la densité de la population.

3º Les échanges internationaux donnent à la multiplication du nombre des hommes une latitude presque indéfinie.

CHAPITRE II. — ATTRIBUTION ET CIRCULATION DES RICHESSES

Dans un système, l'État serait chargé de la direction complète de toutes les activités d'un peuple en vue de produire ; il serait *l'entrepreneur général*, recueillerait le produit du travail et distribuerait les richesses entre les copartageants, accordant à chacun selon ses besoins reconnus légitimes. La propriété individuelle n'existerait que dans l'intervalle très court entre le moment où l'on recevrait sa part individuelle de l'État et le moment où on la consommerait.

De même, dans ce système, le problème de la *circulation* des richesses n'aurait aucune importance, puisque ce transport de l'État à l'individu s'analyserait en un simple déplacement de la richesse.

Dans le système économique que nous adoptons, et qui repose sur la *liberté du travail*, chacun produit la richesse, d'après son initiative propre en disposant comme il l'entend de ses ressources. L'État doit laisser faire ; tout au plus peut-il stimuler les initiatives. Il n'intervient pas pour la répartition de la richesse qui, alors, prend une importance considérable.

Attribution. — Dès que le travail est libre, c'est au particulier et non à l'État que doit appartenir la richesse, produit de son travail. De là les propositions suivantes :

1º L'idée de *propriété individuelle* apparaît comme une conséquence de tout système qui repose sur la liberté du travail.

2º La richesse appartenant aux particuliers proportionnellement au travail fourni, on arrive à un certain *groupement de la richesse*, qui peut ne pas être en rapport avec les exigences de la production. La division du travail vient encore aggraver ce résultat, car telle personne produira telles choses et non d'autres.

3º La *production en grandes masses* devient possible ; et la richesse peut passer entre les mains de celui qui veut produire. De là, toute une série d'actes individuels qui forment le groupement des capitaux et qui se réaliseront par une série de contrats synallagmatiques (vente, fermage, échange).

Le régime économique qui repose sur la liberté du travail implique la *propriété individuelle* et *l'échange*. A quoi servirait la propriété individuelle si l'on ne pouvait échanger ses produits !

DE LA PROPRIÉTÉ INDIVIDUELLE

La propriété individuelle est celle qui est constituée de telle façon que le droit qui résulte de l'appropriation d'une chose soit aux mains de l'individu, non aux mains d'une collectivité, comme l'État, la tribu, la famille. Elle sort nécessairement de tout régime qui repose sur la liberté du travail.

Les peuples qui, aujourd'hui, sont dans l'état de propriété individuelle, ont presque tous passé par l'état contraire, sans prétendre, toutefois, que tous ces peuples aient traversé toutes les phases de la propriété.

I. PEUPLES A L'ÉTAT DE PASTEURS. — Tant qu'ils sont en cet état, ils ne connaissent qu'une propriété indivise, laquelle même ne porte que sur les meubles (troupeaux, laine, lait, tente). Tribus errantes, ils ne s'attachent pas à la terre et ne se l'approprient pas. Ils ne conçoivent pas la propriété foncière. Quant aux meubles, c'est tantôt la famille, tantôt la tribu qui en est propriétaire. La liberté du travail n'existe pas plus que la propriété individuelle.

II. PEUPLES AGRICOLES. — Quand ils se fixent ils deviennent un peuple agricole. Les meubles, la maison, le sol et le petit terrain qui l'entoure appartiennent encore à la famille. Quant aux autres terres, elles sont la propriété non de la famille mais de la tribu: puis, à certaines époques, la tribu partage entre ces familles les terres, les leur concède temporairement pour les cultiver: ensuite un nouvel allotement fait passer ces parcelles en d'autres mains. Nous en avons un exemple dans le peuple germain. Du temps de Tacite, les Germains ne connaissent pas encore la copropriété de la famille pour les immeubles. La terre arable appartient à la tribu, on la distribue chaque année entre les bourgs et ensuite entre les divers chefs de famille. La famille n'en a que la jouissance; la propriété appartient à la tribu. Le membre de la famille doit obéir à la puissance paternelle; en outre, la famille ne peut pas se livrer librement au travail, car elle ne reçoit qu'un simple lot: elle subit elle aussi une sorte de travail imposé par la tribu.

III. PROPRIÉTÉ DE LA FAMILLE. — Au bout d'un certain temps, la tribu perd ce droit de propriété au profit de la famille, qui se trouve désormais unique propriétaire aussi bien de la terre que des meubles; c'est une espèce de *régime patriarcal*, le régime des peuples pasteurs étendu même à la propriété foncière. L'individu n'est pas plus libre dans la direction de son travail; il y a toujours un chef avec des pouvoirs aussi absolus.

IV. PROPRIÉTÉ INDIVIDUELLE. — Elle n'apparaît pas immédiatement sous un régime bien combiné; elle passe par un âge assez dur, *l'âge féodal*. Sans doute la propriété féodale est soumise à des entraves détestables: mais c'est une propriété individuelle. Il en résulte une sorte de hiérarchisation des terres: toutes dépendent les unes des autres. De là, les services de guerre, de justice, les redevances en argent et en nature s'il s'agit de biens roturiers. On ne peut même pas la transférer à son gré: il faut le consentement du propriétaire éminent, ou lui payer certains droits; en outre certaines personnes ne peuvent pas acquérir les biens nobles, etc..... Ces gênes et ces entraves n'empêchent pas toutefois la propriété d'être individuelle.

A la propriété féodale on assimile la *propriété régalienne*. On la regarde comme concédée par l'État, qui est le propriétaire général de toutes les terres. L'État concède la jouissance, se réservant le domaine éminent. Ainsi la propriété romaine et pendant longtemps la propriété des fonds provinciaux: de même, dans presque tous les pays musulmans, l'État ne fait que des concessions. Ici encore, la propriété est possédée à un titre individuel et non comme simple élément d'une collectivité. Constamment on assiste à cette marche parallèle de la liberté du travail et de la propriété individuelle.

Des peuples qui ne jouissent pas de la propriété individuelle et de la liberté du travail. — 1° Un certain nombre de communautés de villages existent à *Java*. Là, tous les biens sont communs au village: et un allotement a lieu à époques fixes entre ceux qui sont en état de cultiver.

2° Dans *l'Inde*, sous la domination anglaise, des communautés de ce genre subsistent en grand nombre.

3° En *Algérie*, les Arabes sont encore dans un état de propriété collective: au contraire, les Kabyles pratiquent la propriété privée.

4° En *Russie*, on est encore, pour une très large part, sous un système de propriété collective. Dans les campagnes règne le *communisme agraire*: le vieux communisme patriarcal s'y est perpétué plus longtemps que dans les autres États de l'Europe. La raison s'en trouve dans la persistance du régime féodal qui a pesé très lourdement sur la classe serve. Quoique l'émancipation ait fait du serf le propriétaire de la terre, le régime des terres n'a pas changé. Les meubles, la maison, le sol où est construite la maison, l'enclos sont la propriété de la famille. Toutefois, un partage est possible sur un vote des membres de la famille. Quant à la terre arable, ce n'est ni l'individu ni la famille, mais le village qui en est propriétaire. A certaines époques, qui dépendent du vote des habitants du village, des allotements sont faits : la terre est divisée en lots et partagée entre les familles. Toutes les familles passent ainsi par tous les biens. Cet état de copropriété des terres peut cesser : un vote émis à la majorité de plus des deux tiers des voix amène le partage à titre définitif et la constitution de la propriété individuelle : c'est la porte ouverte à la substitution de la propriété individuelle à la propriété collective : déjà un certain nombre de partages définitifs ont eu lieu.

A côté de ces vastes terrains, il y en a d'autres qui sont la propriété de la classe noble et y constituent la propriété individuelle. Mais déjà les paysans, qui sont des hommes libres, commencent à acheter les propriétés nobles et se mettent dans la propriété individuelle.

Biens communaux. — De tout temps, les communes en Gaule ont possédé des biens à titre collectif. Cela existait sous la domination romaine. Les Germains respectèrent cette propriété, d'autant plus qu'ils vivaient sous la propriété collective. Les communes souffrirent beaucoup de la féodalité. A la Révolution, elles possédaient une grande portion de terres. La loi du 10 juin 1793 ordonne le partage de ces terres à titre définitif par tête d'habitants ; mais elle n'est pas appliquée en entier. L'Empire, par une loi du 20 mars 1813, livre les biens communaux à la Caisse d'amortissement, qui en vend pour 58 millions. La Restauration les restitue. Aujourd'hui, les biens communaux représentent 4 millions d'hectares, qui sont donnés à bail.

En *Suisse*, la commune les partage entre les divers habitants du village : ils ont des droits de propriété individuelle sur certaines terres : et comme membres du village, ils reçoivent une certaine quantité de terres labourables, de pâturages. Ils ont en outre le droit de prendre le   de chauffage et de construction.

Cependant, pour avoir droit au partage annuel des lots, il faut être le descendant d'une famille qui ait droit au partage, de temps immémorial. C'est un reste de propriété commune. Autrefois, le village était propriétaire de toutes les terres qui l'entouraient, il n'y avait pas de propriété individuelle.

PROPRIÉTÉ INDIVIDUELLE. — Elle doit être, aux mains du propriétaire : 1° Un *droit absolu quant à l'étendue*, un droit que rien ne limite. Il doit pouvoir la consommer, ou s'en servir comme d'un capital pour produire à nouveau, ou la thésauriser. La société doit s'abstenir de diriger l'emploi qui sera fait de la richesse. 2° Un *droit absolu quant à la durée*. La société ne doit pas intervenir pour fixer le terme de sa jouissance. 3° Un *droit accessible à tous*. Toute législation qui établit des catégories de biens et de personnes manque aux principes qui sont la conséquence nécessaire de la propriété individuelle. 3° Elle repose sur le travail libre. Or, travaille qui veut : tout travail est permis à chacun. 4° Le propriétaire doit avoir le *droit de transmettre à son gré la propriété*, soit à titre onéreux, soit à titre gratuit.

A. Transfert a titre onéreux. — Il a lieu par un contrat quelconque, vente, échange, etc... S'il peut l'anéantir, *a fortiori* peut-il la faire passer aux mains d'un autre : même la transmettre *ad tempus*, en ce sens qu'elle lui reviendra de plein droit soit à l'échéance d'un terme, soit à l'arrivée d'une condition. Les Romains s'y étaient trompés : ils avaient été frappés à l'excès de cette idée, que la propriété individuelle est absolue quant à sa durée ; ils ont reconnu leur erreur. Mais ce qui serait contraire à l'essence de la propriété individuelle, ce serait que la loi fixât une limite à la durée du droit de propriété. Le propriétaire peut même transmettre une *partie de son droit* (usufruit, servitude, emphytéose) ; ou une *quote-part* de son droit : placer à côté de lui une personne qui sera copropriétaire. La copropriété n'est pas, d'ailleurs, la propriété commune. Celle-ci se caractérise par ce fait, que la propriété de la richesse, au lieu d'être aux mains de l'individu, est aux mains d'une collectivité. Dans la copropriété, il n'y a pas un être fictif qui se sépare des individus qui sont propriétaires ; il n'y a aucune espèce de collectivité.

B. Transfert a titre gratuit. — Transfert par donation entre-vifs, sans exiger aucun *équivalent* ; transfert par testament. Ici la difficulté est plus grande, car le testateur dispose de ses biens pour l'époque où il ne sera plus. Cependant la transmission ayant lieu au moment de la mort du testateur, à ce moment la volonté existe et cela suffit : sinon il faudrait faire tomber tous les transferts de propriété consentis par le disposant, pendant sa vie. Cette faculté de transmettre est indispensable pour encourager celui qui a déjà produit à produire encore ; sans le testament, il s'arrêterait dès qu'il aurait assuré son existence.

Transfert par succession ab intestat. — La succession *ab intestat* ne se justifie pas par un droit qui existerait dans la personne de l'héritier; c'est un droit pour celui qui transmet ses biens; c'est le testament présumé du défunt. A défaut de testament, son intention vraisemblable est de les transmettre à ses descendants, à ses ascendants et à ses collatéraux. Contrairement à la législation romaine, sous le Code civil, la succession *ab intestat* ne s'ouvre que dans le cas où le *de cujus* n'a pas fait de testament.

Atteinte à la propriété individuelle. — 1° Dans un but de protection, la loi édicte des dispositions spéciales relatives aux *mineurs* et aux *interdits*: elle les protège en entourant l'aliénation de leurs biens d'une série de formalités. Il faut ajouter les *femmes mariées*.

2° Elle édicte certaines prohibitions d'acquérir ou d'aliéner. Ainsi : *a. entre époux*, la vente est défendue: *b.* le *tuteur* ne peut pas se rendre adjudicataire des biens de son pupille: *c.* sont prohibées: les donations qui portent atteinte au principe de *l'irrévocabilité*; les *retraits*, ou droit de reprendre le bien aliéné par quelqu'un en indemnisant l'acquéreur. C'est une atteinte directe au droit de propriété. Le Code civil a consacré : 1° le *retrait successoral*, droit accordé à un cohéritier d'écarter des opérations du partage, en le rendant indemne, celui qui n'y vient que comme cessionnaire de droits successifs; 2° le *retrait d'indivision*, droit accordé à la femme, copropriétaire avant son mariage d'un immeuble acquis par le mari, de reprendre cet immeuble au mari en l'indemnisant; 3° le *retrait litigieux*, droit pour le cédé d'exproprier le cessionnaire d'un droit litigieux en le rendant indemne. — Le retrait successoral et le retrait litigieux ne se justifient pas par des raisons suffisantes.

Restrictions apportées a la propriété individuelle dans un intérêt général. — Nous citerons :

1° *Les servitudes légales.* — Aux termes de l'art. 682, le propriétaire dont les fonds sont enclavés, et qui n'a aucune issue sur la voie publique, peut réclamer un passage sur les fonds de ses voisins...

2° *L'expropriation pour cause d'utilité publique.* — Quand l'intérêt général l'exige. Le principe de l'indemnité préalable est une preuve de l'atteinte portée à la propriété individuelle.

3° *Les forêts.* — Droit pour l'administration de s'opposer au défrichement. Défense de mener paître les moutons dans les forêts.

4° *Les mines.* — Elles ont une importance particulière au point de vue de l'intérêt général. Le gouvernement concède gratuitement l'exploitation de la mine à certaines personnes qu'il choisit, sauf indemnité à payer au propriétaire, si celui-ci n'est pas lui-même le concessionnaire (loi du 21 avril 1810). L'Etat, en refusant au propriétaire du sol la propriété et l'exploitation de la mine, déroge au principe de la propriété individuelle.

5° *Le régime dotal.* — Il engendre l'inaliénabilité de la dot immobilière de la femme; c'est une gêne incontestable à la libre circulation des biens.

6° *Les biens de mainmorte.* — La loi soumet à des restrictions les acquisitions faites par les personnes dites de mainmorte.

7° *La restriction du droit de tester.* — La succession *ab intestat* prend un caractère de législation obligatoire par ce seul fait que le testateur ne peut pas disposer librement de sa fortune.

8° *La nécessité des partages égaux* (abolition des droits d'aînesse et de masculinité).

Système de succession ab intestat et testamentaire organisé par la loi française. — Ancien droit. — Toutes les terres sont placées dans un état de hiérarchie; celui qui travaille la terre n'est pas propriétaire, c'est un détenteur, un fermier astreint à des redevances; ou, s'il est propriétaire, il est soumis à des redevances à payer au propriétaire supérieur. A l'époque de la Révolution, les liens personnels et les liens relatifs aux terres subsistent; c'est pourquoi la Révolution prend aussi bien le caractère d'une révolution foncière que d'une révolution politique. L'égalité dans les partages est contrariée, dans notre ancien droit, par le *privilège de l'aîné mâle*. L'aîné conserve le patrimoine dans son ensemble, si bien que, depuis la fin de la féodalité, on voit la richesse entre les mains de la classe aristocratique. On applique, en outre, la maxime *paterna paternis, materna maternis* : les immeubles qui se trouvent dans le patrimoine du *de cujus* doivent retourner aux membres de la famille d'où ils proviennent. On distingue, en effet : *a.* les *propres*, c.-à-d., les biens patrimoniaux provenant de successions: ils forment le patrimoine de la famille et n'en doivent pas sortir: *b.* les *meubles*, qui n'ont qu'une importance secondaire, et les *acquêts*, biens provenant d'acquisitions faites par le *de cujus* lui-même et qui ne sont pas soumis à la règle *paterna paternis, materna maternis*.

Ce système est encore compliqué par la liberté des *substitutions*, disposition par laquelle, en gratifiant une personne, on la charge de rendre l'objet donné ou légué à un tiers, que l'on gratifie en second ordre.

Loi du 17 nivose an II. — 1º Elle supprime tout privilège d'âge ou de sexe et admet la représentation à l'infini ; 2º elle abolit les *retraits* et le droit de faire des *substitutions* ; 3º elle ne permet au testateur de disposer que du dixième de ses biens, s'il a des enfants ; et du sixième s'il n'a pas d'enfants. Encore ne pouvait-il léguer ce dixième ou ce sixième à un héritier. La loi du 4 germinal an VIII tempère ces excès de la loi de nivose.

Code civil. — Il fait une transaction entre les exigences du partage égal et les principes de l'ancien droit : mais pour rendre impossible le retour à l'ancienne propriété foncière, il règle la succession des biens, abstraction faite de leur nature et de leur origine et dispose que chacun des héritiers peut demander sa part en nature des meubles et des immeubles de la succession. Les privilèges d'âge et de sexe, la règle *paterna paternis, materna maternis*, les retraits, les substitutions sont supprimés : une réserve est assurée aux descendants et aux ascendants et la limitation du droit de tester apparaît comme un moyen d'empêcher le rétablissement du droit d'aînesse.

Griefs articulés contre la limitation du droit de tester consacrée par le code civil. — D'après Le Play (*Organisation du travail*) la société moderne doit reposer sur une très forte constitution de la famille : la transmission intégrale du patrimoine est le seul moyen de constituer et de grouper la famille. Il faut que le père ait le droit de transmettre sa puissance avec son patrimoine au plus digne de ses enfants : l'élu, substitué au chef de famille, continuera à remplir ses devoirs vis-à-vis des autres enfants en les dotant, et vis-à-vis de l'État. Dans cet ordre d'idées, on craint que le partage forcé ne porte une atteinte à l'autorité paternelle. — Nous pensons, au contraire, que le progrès de la société se trouve dans une marche bien conduite vers l'individualisme. Le système du droit d'aînesse est sorti de la féodalité. C'est grâce à ce système qu'elle a pu se maintenir jusqu'à la Révolution. Et puis, l'aîné n'a pas toujours tenu à honneur de remplir ses devoirs vis-à-vis des cadets. Il est à craindre qu'il ne reçoive très volontiers le patrimoine et ne se soucie que médiocrement de remplir les devoirs qui sont la conséquence de cette transmission. D'ailleurs, les rédacteurs du Code, en refusant au père la liberté absolue de tester, ne lui ont-ils pas laissé le droit de disposer de la quotité disponible au profit de l'un de ses enfants ! Cette concession paraît suffisante.

On objecte encore qu'il n'y a plus aucun intérêt à maintenir aujourd'hui la restriction que le Code apporte à la liberté de tester, attendu que si on accorde cette liberté de tester, on n'en usera pas pour ramener le droit d'aînesse. — Il est peut-être hardi d'affirmer qu'il n'y a aucune tendance vers un retour au droit d'aînesse. Dans une grande partie du Midi de la France, il est d'usage de faire un aîné par la quotité disponible. Si le disposant ne l'a pas fait, d'eux-mêmes, et en l'absence de tout testament, les cadets apportent à l'aîné cette sorte de préciput.

Objections tirées du partage forcé au point de vue purement économique. — 1º Le partage forcé atteint la puissance productive de la France dans l'homme lui-même. Grâce à la réserve, tout enfant étant sûr d'obtenir une part du patrimoine, on supprime le désir du travail et de l'enrichissement. Au contraire, dans le système du droit d'aînesse, les cadets n'ayant pas à attendre cette part, doivent être, par là même, excités au travail. — On a fait observer que cette situation va être précisément celle de l'aîné sûr d'obtenir tout le patrimoine.

2º Il atteint l'homme dans sa reproduction. Devant la pensée que le patrimoine se partagera entre ses enfants, le père hésite à en augmenter le nombre ; il craint l'émiettement de sa fortune, qui aurait pour effet de les faire passer dans une classe inférieure. Cet obstacle à la reproduction n'existe pas dans les pays de droit d'aînesse : la famille est représentée par l'aîné. Quant aux cadets, on peut en multiplier indéfiniment le nombre. — Mais il y a dans ces pays de droit d'aînesse une autre cause qui limite la population : c'est que ces cadets sans fortune ne se marieront guère

3º Il atteint les instruments de la production des richesses. Voici un homme qui a créé une usine : il meurt. La loi obligeant les enfants à partager ses biens, l'usine devra être licitée, afin qu'ils s'en partagent le prix. Il y aurait bien un moyen, ce serait un partage amiable, grâce auquel l'usine serait mise aux mains de l'un des enfants, les autres recevant d'autres biens : mais il suffit qu'un seul enfant refuse pour que le partage ne puisse être fait qu'en justice : bien plus, s'il y a un incapable, la loi impose le partage judiciaire, qui aboutit à la licitation ; ou s'il y a assez d'immeubles pour former les lots qui n'auront pas l'usine, il y a lieu à un tirage au sort. La jurisprudence a le tort de ne pas permettre au père, qui procède lui-même par donation ou testament au partage de ses biens, de désigner celui de ses enfants qui recueillera l'usine.

4° Il amène nécessairement le morcellement des fortunes, ce qui met obstacle à la grande industrie et à la grande culture. Il est vrai que les associations par actions viennent suppléer au manque de grande fortune; et quant à la petite culture, en admettant même que la loi des partages entraîne un morcellement exagéré de la propriété, c'est précisément une question de savoir si elle n'est pas préférable à la grande culture elle-même.

GRANDE ET PETITE CULTURE

On peut grouper toutes les cultures en trois classes :

1° Là où il faut un certain nombre d'attelages, de machines, où l'agriculture se fait avec des appareils agricoles perfectionnés, et dans un domaine de plus de 40 hectares, on a la *grande culture*.

2° Là où deux charrues sont nécessaires mais suffisantes et sans outillage agricole compliqué, dans un domaine de 10 à 40 hectares, on a la *moyenne culture*.

3° Là où l'on n'emploie pas d'attelages, mais le travail musculaire de l'homme, dans les exploitation au-dessous de 10 hectares, on a la *petite culture*. (Désormais nous opposerons la petite et la moyenne culture, sous le nom de petite culture, à la grande culture).

Avantages de la grande culture. — 1° *Elle est plus productive.* A la tête se trouve nécessairement un homme riche, instruit, capable de comprendre les avantages des perfectionnements agricoles et de les appliquer. En outre, on peut montrer plus de hardiesse dans les exploitations en grand ; on réalise des économies énormes sur les frais généraux.

2° *Elle permet d'employer les machines et les procédés agricoles compliqués.* — Il faut agir sur de grandes masses.

3° *Elle permet la division du travail avec tous ses avantages.* — En outre, elle est la seule qui, disposant de vastes terrains, se prête à l'élevage des bestiaux et à la production des engrais, indispensables à la fertilité du sol.

Aussi, ajoute-t-on, les peuples vont-ils à la grande culure, par ex. : l'Angleterre, l'Amérique. En Australie, on voit des exploitations de 118,000 hectares, avec 10,000 têtes de gros bétail e 100,000 moutons.

Avantages de la petite culture. — Faite par le propriétaire du sol, elle procure les avantages suivants:

1° *Le propriétaire déploie une activité et un soin qu'un grand fermier ne peut pas montrer.* — C'est l'œil du maître: de là, une économie extrêmement sévère qui contrebalance ses frais. Ses aides, il les trouve dans sa famille. Aussi les cultures intensives, qui sont fines et délicates, réussissent mieux dans la petite culture, seule outillée pour ce genre de culture.

2° *La petite culture se prête également à l'élevage des bestiaux.* — Les Flandres, pays de petite culture, élèvent comparativement plus de bétail que l'Angleterre, pays de grande culture.

3° *Elle permet à chaque propriétaire de posséder dans la même commune des parcelles séparées,* ce qui, vu la variété des productions, lui assure l'emploi constant de son activité.

Conclusion. — La grande et la petite culture ont chacune leurs avantages et leurs inconvénients.

On emploiera celle-là, par ex., au début de la production, quand il faut se livrer aux grands travaux de défrichement, qui demandent non des soins, mais de l'argent et de la force: de même, pour certaines productions que demande la culture extensive, par ex., l'élevage des bêtes à laine. Au contraire, pour la culture intensive et les productions délicates (vignes, arboriculture, plantes potagères), la petite culture sera préférable.

Quant à la difficulté pour la petite culture d'employer les procédés compliqués d'industrie agricole, on y remédie par le procédé des associations; les petits cultivateurs se réunissent pour acheter des machines agricoles.

DE L'INFLUENCE DES SUCCESSIONS AB INTESTAT SUR LA GRANDE ET LA PETITE CULTURE

Nos lois de succession, qui apportent des restrictions à la liberté de la propriété, n'entraînent pas le morcellement excessif des héritages; les objections contre le partage égal ne sont pas fondées. L'homme n'est pas atteint dans son activité. Notre système de succession n'arrête pas l'augmentation de la population : et dans le système inverse, les mariages sont plus rares. La petite culture est une bonne chose, le morcellement de la propriété n'est pas excessif. Par le partage égal on ne reviendra pas au régime de la féodalité. La diffusion de la richesse est plus grande: le système qui répartit le mieux les richesses est une cause d'apaisement social; quiconque possède devient un partisan convaincu de l'ordre social qui règne.

Toutefois, il est regrettable que, dans beaucoup de cas, le partage amiable ne puisse pas se substituer au partage par lots, qui procède toujours à l'aveugle. En outre, le partage judiciaire amène forcément la licitation de l'exploitation rurale ou de l'œuvre industrielle créée par le défunt.

REMÈDES. — En 1866, une enquête agricole fut faite en France. On écouta les doléances, et en 1867 un projet de loi fut présenté, qui n'a pas abouti. Aux termes de ce projet, en cas de partage judiciaire, le tribunal pourrait, au lieu de charger un notaire de faire les lots, procéder lui-même à leur formation et les attribuer sans les tirer au sort: il pourrait mettre une terre tout entière dans un lot et des meubles dans l'autre. Un autre article du projet décidait, qu'en cas de mineur, interdit ou absent, on pourrait procéder au partage amiable, moyennant l'autorisation unanime du conseil de famille et celle du tribunal.

Un autre remède consisterait à renverser par un texte législatif la jurisprudence relative au partage d'ascendant, et à donner au père de famille toute liberté pour la composition des lots.

LÉGITIMITÉ DU PRINCIPE DE LA RÉSERVE. — La réserve constitue une garantie contre le rétablissement de pratiques contraires à l'esprit égalitaire. Tout au plus pourrait-elle être plus limitée. Ainsi, quand il y a trois enfants, la réserve, au lieu d'absorber les trois quarts, peut-être pourrait-elle n'être que de la moitié des biens.

Il faut, d'ailleurs, repousser tout système qui tendrait à limiter la portion de richesses qu'une même personne pourrait recueillir par succession et à apporter ainsi une limite à l'enrichissement. Le procédé aurait pour effet d'annihiler toute activité productive: du jour où une personne aurait obtenu le *maximum* de ce dont elle pourrait disposer, elle cesserait de produire.

De la propriété dans des cas spéciaux. — A côté de la propriété de droit commun, il y a des cas spéciaux où, ce qu'on appelle un droit de propriété est chose contestable, est une création fictive du législateur. Nous citerons:

1º LA PROPRIÉTÉ INDUSTRIELLE. — C'est une propriété non sur le produit fabriqué, mais sur le procédé employé pour obtenir le produit ou en constater la provenance. Ainsi, en cherchant à fabriquer un produit, je trouve un procédé plus simple, je produis plus et à moins de frais. Il en résulterait un droit de propriété sur le procédé nouveau dont je me suis servi: la propriété porterait sur le procédé de travail employé.

APPLICATIONS. — 1º Propriété de la *marque de fabrique*; 2º propriété de l'*invention*; 3º propriété du *dessin* ou modèle de fabrique. — La *marque* est un signe à l'aide duquel on atteste la provenance du produit. L'*invention* est une combinaison de principes, de forme de travail, à l'aide de laquelle on obtient un produit nouveau. Le *dessin* ou modèle est un type sur lequel on se modèlera dans la suite pour fabriquer, obtenir des exemplaires identiques à ce titre.

Y a-t-il là une propriété sortant du seul exercice de la liberté du travail? Ne faut-il pas protéger le fabricant, lui assurer que son produit ne sera pas confondu avec un autre? La question dut se poser le jour où l'industrie prit une certaine importance. La France ne fit rien avant la Révolution; le roi avait pris en mains le droit d'accorder le privilège du travail à certaines personnes.

La loi du 31 décembre 1790 commence une série de dispositions qui ont réglementé le droit des inventeurs. La loi actuelle est celle du 5 juillet 1844. Quand une question internationale se trouve en jeu, des congrès se forment. En 1873, un congrès a été réuni à Vienne, au sujet de la propriété des marques de fabrique, de l'invention et du dessin. Il a été suivi d'un autre tenu à Paris en 1878, relativement à la propriété industrielle.

On est d'accord sur la légitimité de la prétention des inventeurs à être protégés; mais on diffère d'avis sur les moyens.

Marques de fabrique. — Le fabricant qui choisit une marque est-il propriétaire de cette marque? La plupart des auteurs admettent qu'elle est bien et dûment l'objet d'un droit de propriété. On peut le contester. Quel serait l'objet de ce droit de propriété? Le droit exclusif de se servir seul d'une marque ne constitue pas un objet de propriété; c'est simplement une disposition relative à la police de l'industrie, un procédé employé par la société pour empêcher qu'un fabricant ne fasse passer ses produits pour les produits d'un autre.

Propriété de l'invention. — La loi de 1790 déclare que les découvertes industrielles sont une propriété; mais personne n'admet qu'elle doive être perpétuelle: la loi du 5 juillet 1844 fixe à un maximum de quinze ans la durée du privilège exclusif de l'inventeur; en outre, elle édicte une déchéance en cas d'inexploitation pendant deux ans. A raison de cette propriété, il intervient un contrat avec la société, par lequel l'inventeur consent que son droit exclusif soit limité.

Peut-être est-il préférable de décider que le droit de l'inventeur n'est pas une propriété à *laquelle* la loi apporterait une restriction ; et que c'est plutôt un monopole, un privilège, la loi apportant une restriction à la liberté du travail.

Dessins ou modèles de fabrique. — C'est un type créé par le fabricant, d'après lequel il va produire. Application des mêmes règles qu'en matière de propriété de l'invention.

2° LA PROPRIÉTÉ ARTISTIQUE ET LITTÉRAIRE. — Le littérateur, l'artiste, est propriétaire de son œuvre, comme le sculpteur, de sa statue. La question se pose non touchant le produit obtenu par l'artiste, mais relativement au droit de reproduction ou de publication. Les principes sont les mêmes qu'en matière de propriété industrielle. La loi, qui restreint à une certaine durée le droit de publication, ne reconnaît pas la propriété littéraire ; elle restreint la liberté générale dans le but d'encourager l'artiste et la littérature.

La loi du 14 juillet 1866 accorde un droit exclusif de reproduction aux héritiers ou successeurs des auteurs ou artistes pendant cinquante ans, à partir du décès de l'auteur.

3° LA PROPRIÉTÉ DES OFFICES.— Comment comprendre qu'un office, fonction publique, qui confère le droit de remplir un certain mandat donné par la société, soit dans le commerce ? Ce qui est dans le commerce, ce n'est pas la fonction, l'office proprement dit, c'est la *finance de l'office*. Dans l'ancien droit, lors de la création d'une fonction publique, le roi exigeait de celui qu'il nommait à cette fonction une somme d'argent. En échange, il offrait au titulaire de l'office le moyen de rentrer dans ses déboursés ; il lui promettait de ne nommer d'autre titulaire que celui qu'il lui présenterait. Cette présentation se faisant moyennant le payement d'une somme, le titulaire rentrait dans la finance déboursée. Toutefois, le roi conservait le droit de ne pas nommer à l'office tout sujet quel qu'il fût qu'on lui présentait. Ce procédé amenait la royauté à créer beaucoup trop d'offices.

La vénalité des offices, supprimée par la Révolution, reparut en 1816. A cette époque, les opérations des officiers ministériels ayant pris plus d'extension et leur cautionnement devenant insuffisant, on l'augmenta et on leur donna comme compensation le *droit de présentation*.

La loi du 28 avril 1816 traite ce droit comme un bien qui est la propriété du titulaire ; au fond, il n'y a qu'un engagement de l'État de ne pas nommer un titulaire autre que celui qui lui sera présenté. Dans tous les cas, cette propriété est purement factice : c'est une véritable création arbitraire du législateur. Au point de vue économique, on doit blâmer la loi de 1816 d'avoir rétabli la vénalité des offices. Et d'abord, l'État ne peut pas choisir qui il veut ; les offices deviennent ainsi le monopole d'une certaine catégorie de personnes. En outre, le nouveau titulaire va être contraint de tout faire pour que son office lui rapporte des bénéfices proportionnés à ce qu'il a déboursé. De là une tendance à augmenter les frais plutôt qu'à les diminuer, et à s'occuper d'opérations qui sont étrangères à la fonction. Enfin, une des grandes difficultés que l'on éprouve à supprimer certains tribunaux consiste dans la nécessité d'abolir certaines fonctions attachées à ces tribunaux.

Mentionnons encore la règle d'après laquelle les immeubles et les universalités de meubles sans maître appartiennent à l'État. L'intérêt de la netteté des situations nécessite que des immeubles ou des universalités de meubles ne soient pas vacants et sans maître.

DE L'ÉCHANGE

L'échange est un contrat qui a pour objet de faciliter la circulation de la richesse. Au point de vue économique, tous les contrats peuvent être ramenés à l'échange ; ils ont tous pour objet des produits ou des services qu'on échange les uns contre les autres. Dans une loi célèbre au Digeste, Paul nous montre comment la vente n'est qu'une espèce d'échange. Ce que le jurisconsulte dit de la vente, on peut le dire de tout contrat synallagmatique.

Les principales applications de l'échange sont :

1° LA VENTE. — C'est un transfert de propriété de la richesse au profit de chacune des deux parties. En général, la vente est pure et simple, c.-à-d. au comptant. Elle peut recevoir les modalités suivantes :

a. VENTE A TERME. — Pour que la vente ou échange se fasse au comptant, il faut que la chose vendue soit disponible. Mais si dans un port de commerce un commissionnaire achète une cargaison, les parties se lient par une vente à terme et conviennent que la marchandise ne sera livrée qu'après l'arrivée du navire ; un délai est donné au vendeur pour livrer la chose. De même, si l'acheteur n'a pas entre les mains les fonds nécessaires pour la payer, il obtiendra un délai pour se libérer du prix : le crédit centuple le mouvement de la circulation des richesses.

b. VENTE CONDITIONNELLE ou vente par navire attendu. Une cargaison de grains est en voyage ; un acheteur a intérêt à faire le contrat avant qu'elle n'ait pris le cours du marché. Le propriétaire, d'autre part, a intérêt à l'écouler, pour éviter la baisse possible. La vente est conditionnelle, l'acheteur n'est obligé à payer le prix que si la marchandise arrive dans un certain délai. Par le seul fait du consentement des parties, la chose passe du vendeur à l'acheteur. — *Restrictions* : 1º la loi du 23 mars 1855 astreint, vis-à-vis des tiers, l'acheteur à donner à son contrat la publicité de la *transcription*. Cette mesure, utile au crédit, doit être approuvée : 2º le vendeur d'un immeuble a le droit de demander la rescision de la vente pour *lésion* de plus de sept douzièmes dans le prix. Pourquoi la loi distingue-t-elle entre la vente des immeubles et celle des meubles ? En agissant ainsi, elle fausse le ressort du jeu des échanges; d'ailleurs, la valeur d'une chose est relative : pour celui qui a absolument besoin d'argent, l'immeuble a une valeur secondaire.

c. Vente à réméré. — Le vendeur stipule que, pendant un délai qui ne peut excéder cinq ans, il aura la faculté, en désintéressant l'acheteur, de reprendre sa chose comme s'il ne l'avait jamais vendue. On admet que la loi ne devrait pas permettre la vente avec rachat, car, la condition résolutoire qui affecte le contrat est une atteinte portée à la libre circulation des richesses.

2º Le louage. — On distingue : 1º le *louage des biens ruraux*; 2º le *louage des maisons de ville*.

a. Baux ruraux. — Tantôt, à certaines époques ou dans certains pays, la tenure (droit du fermier est perpétuelle ou à très longue durée, par ex. quatre-vingt-dix-neuf ans et même plus. A d'autres époques, elle est à courte durée, par ex. neuf ou dix-huit ans. Dans notre ancien droit, les baux perpétuels ou à longue durée étaient la règle: aujourd'hui, c'est l'inverse.

Baux à longue durée. — La féodalité a amené la constitution de baux ou tenures perpétuelles. C'est une hiérarchisation des terres, qui vient des bénéfices : le roi ayant usurpé toutes les terres du fisc romain les distribue en jouissance à ses sujets avec réserve de la propriété éminente; et comme l'Edit de Kiersy-sur-Oise a rendu ces concessions perpétuelles, les locations deviennent perpétuelles. D'autre part, les petits propriétaires remettent au seigneur, moyennant recommandation, leur terre qu'ils reçoivent ensuite en jouissance. C'est l'origine du fief et de la censive.

A côté de ces tenures féodales perpétuelles, il y a des tenures perpétuelles qui n'ont rien de féodal. Les propriétaires, qui sont dans les liens de la féodalité, s'ils ne cultivent pas eux-mêmes, louent leur terre au paysan. C'est là un bail au sens propre du mot: bail à rente et emphytéose. Le paysan oublie peu à peu qu'il tient cette possession d'une simple convention, et le fermage lui apparaît comme une véritable exaction de la classe supérieure. Les lois de la Révolution suppriment toute redevance ayant un caractère féodal, sans indemnité: quant aux redevances non féodales, on les déclare rachetables, contrairement aux conventions qui les rendaient non rachetables. Finalement, sous le Code civil, les baux perpétuels ne sont valables que dans la limite de quatre-vingt-dix-neuf ans. La durée habituelle des baux varie de neuf à dix-huit ans: le bail à longue durée n'est usité que pour les terres qui exigent de longs travaux avant le rapport (défrichements, etc.).

Quand le propriétaire ne peut ou ne veut cultiver sa terre, il la donne à bail : c'est le régime de l'*amodiation*; et comme on ne peut faire de bail perpétuel, l'amodiation sera de durée courte ou moyenne.

Amodiation. — L'*amodiation* est-elle préférable au *faire valoir* (culture exercée par le propriétaire lui-même)? Il est certain qu'à égalité d'instruction, de capitaux, d'étendue des exploitations, la culture faite par le propriétaire est préférable. Cependant des auteurs sont ennemis du *faire valoir* et voudraient substituer la culture par *amodiation*. C'est la question de la *grande* et de la *petite culture.*

Dans les pays où la terre est cultivée par ses propriétaires, on a un régime de petite culture. A l'inverse, partout où existe la grande culture, on a le système de l'amodiation. Cela est naturel, car un grand propriétaire n'est pas cultivateur. Selon nous, le régime du *faire valoir* vaut mieux que l'*amodiation*, parce qu'il amène le système de la petite culture, qui est préférable: mais à la condition que ce soit le propriétaire qui cultive lui-même sa terre. Le *faire valoir* en France occupe 17 millions d'hectares; 16 millions sont livrés à l'*amodiation*.

Le contrat de louage se présente généralement sous deux formes : le *métayage* et le *fermage*.

1º Métayage. — C'est une tenure suivant laquelle celui qui reçoit la terre s'engage à partager avec le propriétaire la somme totale des fruits, déduction faite des frais nécessaires à l'entretien du fonds. En général, le partage des profits et des pertes a lieu par moitié, ce qui donne au contrat le caractère d'une association : l'un fournit sa terre et l'autre son travail.

2º Fermage. — Contrat par lequel le cultivateur reçoit du propriétaire la chose en amodiation à la charge de payer à ce dernier une somme fixe. Les risques et les périls de l'exploitation sont à la charge du fermier, qui doit payer quand même au propriétaire une somme fixe.

Conditions. — Il faut : 1° que le fermier ou le métayer ne soit pas accablé, qu'il lui reste de quoi vivre et améliorer la terre. Le *métayage*, à ce point de vue, a un très grand avantage. Dans les pays où il est pratiqué, la part que le métayer devra au propriétaire est fixée par l'usage : le métayage échappe à la loi de la concurrence ; il ne se voit pas poursuivi par le propriétaire qui veut élever son profit au fur et à mesure que la terre s'améliore. — Dans le *fermage*, au contraire, c'est la concurrence. Le propriétaire sollicité peut se laisser entraîner à louer sa terre trop cher, ce qui l'expose à ce qu'elle soit mal cultivée et à n'être pas payé.

Quant à la possibilité pour le cultivateur de faire des améliorations, le métayage risque de ne pas s'y prêter. Le métayer est généralement un homme de peu d'instruction et de ressources, sinon il n'accepterait pas cette situation de dépendance vis-à-vis du propriétaire. N'étant pas seul à profiter des améliorations qu'il aura faites, il sera peu porté à l'application des perfectionnements agricoles, à la culture intensive. Cependant le propriétaire peut suppléer à l'insuffisance du métayer et indiquer par quel mode de culture on utilisera la terre. Malheureusement, la perspective de ne pas profiter seul de ses avances le détournera d'en faire.

Le *fermage*, il est vrai, présente parfois les mêmes inconvénients. Il y a un moment à partir duquel le fermier a intérêt à cultiver sans faire d'améliorations, par une culture qui épuise le sol : c'est celui à partir duquel le temps qui reste à courir jusqu'à la fin du bail ne lui permet pas d'espérer que, s'il fait une dépense d'entretien ou d'amélioration, il aura le temps d'en recueillir tous les bénéfices : de ce moment, il commence à épuiser la terre.

Le remède consiste dans les baux d'une durée assez longue. En France, il y a beaucoup de baux de six ans et plus encore de neuf ans : mais on les renouvelle avant l'expiration. En Angleterre, fréquemment les baux sont de vingt-sept ans.

Ce qui empêche le propriétaire d'accorder de longs baux, c'est qu'il ne veut pas se lier les mains pour trop longtemps, vu que la propriété foncière augmente constamment de valeur et qu'il veut profiter de cette augmentation. C'est peut être un mauvais calcul, car cet avantage n'est pas une compensation du très grand danger d'épuisement auquel il expose la terre.

Conclusion. — Le métayage et le fermage peuvent être également de très bonnes tenures : chacun a ses cas d'application déterminés. Le *métayage* est nécessaire là où la classe agricole est pauvre : ne pouvant se charger des risques du fermage, elle a besoin de s'attacher le propriétaire par l'association : de même, quand il s'agit de cultures dont les produits sont sujets chaque année à des variations considérables : par ex., la vigne. Il est difficile de consentir à amodier la vigne moyennant une redevance fixe. C'est là l'explication de la persistance du métayage en France, dans le Midi.

Dans les autres cas, le *fermage* est plus indiqué. Là où on a une population importante, avec des capitaux et des terres d'un rendement plus fixe, le cultivateur préférera l'indépendance. Mais à part le cas de culture donnant des valeurs très variables, le fermage est la tenure qui indique un progrès dans la société : il indique plus d'instruction et une plus égale répartition des capitaux. A ce point de vue, le métayage en France perd beaucoup de terrain.

3° CHEPTEL. — Ce mode accessoire d'amodiation consiste dans le bail de bétail. S'il est l'accessoire du contrat de fermage ou de métayage, il en suit la nature (il affecte la forme du fermage ou du métayage). Mais le cheptel peut aussi se présenter comme contrat principal, alors il emprunte la forme du métayage et les produits se partagent. Quant aux pertes, il faut distinguer : si la perte est totale, elle est pour le propriétaire : si elle n'est que partielle, elle se partage entre le propriétaire et le preneur. C'est l'application du principe qui met les risques à la charge du propriétaire. Il est à remarquer, qu'en cas de perte partielle, le preneur n'a plus qu'un intérêt, c'est d'amener la perte totale. Au point de vue économique, c'est là une mauvaise solution, car si la preuve de la fraude est possible, elle n'est pas toujours facile. Mais ce qu'il y a de plus fâcheux, c'est que la loi défend de stipuler le contraire.

Dans le silence des parties, le bail ne dure que le temps nécessaire pour permettre au preneur de recueillir tous les fruits de l'héritage affermé. Ce délai est insuffisant ; par ex., en cas de culture alterne, il faut plusieurs rotations de récoltes pour que le preneur ait intérêt à faire de la culture reconstituante. La loi a été mieux inspirée en décidant que, si le preneur a entre les mains un bail ayant date certaine, il pourra, même en cas d'aliénation, opposer le bail au nouvel acquéreur. Ce n'est pas conforme aux principes, car le bail n'engendre qu'un droit personnel. Le nouveau propriétaire devrait pouvoir expulser le preneur, comme à Rome et pendant longtemps, dans notre ancien droit. Le Code accorde au preneur une sécurité indispensable.

Enfin, l'on voudrait, comme le principe en a été établi en Angleterre par une loi de 1875, que la loi permit au fermier de réclamer les indemnités faites dans les dernières années et dont il n'a pas pu tirer tout le profit possible.

4. LOUAGE DES TERRES URBAINES ET DES MAISONS. — Les baux emphytéotiques (ou mieux à longue durée, de quatre-vingt-dix-neuf ans ou moins) tiennent ici une grande place. Un propriétaire loue son terrain sous l'obligation de construire, avec cette clause, qu'à la fin du bail, le terrain lui reviendra avec les constructions.

DU CONTRAT DE PRÊT

On distingue le *prêt à usage*, qui est gratuit (s'il était accompagné d'une rémunération, ce serait un louage) et le *prêt de consommation*. S'il a pour objet de la monnaie avec une clause de rémunération, c'est le *prêt à intérêt*.

Le prêt est, par essence, le contrat de crédit : une personne livre à une autre en qui elle a confiance une chose que celle-ci devra lui rendre plus tard. C'est autour du prêt que viennent se grouper toutes les institutions de crédit, à savoir :

1º LA LETTRE DE CHANGE, acte par lequel je donne mandat à Primus de payer telle somme à Secundus. Si Primus paye sans avoir reçu de moi ladite somme, il me fait une avance. Il y a là un prêt, un contrat de crédit.

2º LE COMPTE COURANT, contrat entre deux banquiers, par lequel les sommes que l'un enverra à l'autre ne seront pas susceptibles de donner lieu immédiatement à un payement compensatoire.

3º L'ASSOCIATION, contrat qui a pour effet d'amener plusieurs personnes à réunir leurs capitaux pour entamer ensemble une œuvre de production, avec partage des bénéfices et des pertes. C'est un contrat synallagmatique dans lequel chacune des parties reçoit en échange quelque chose qu'elle estime être l'équivalent de ce qu'elle a donné ou des engagements qu'elle a pris; il y a bien dans l'association cette idée d'équivalent, qui est la caractéristique de l'échange. Elle revêt les formes suivantes :

a. *Association en nom collectif.* — Les associés sont tenus *in infinitum* des dettes de la société; c'est la plus simple et la plus honnête des associations. Mais comme elle est contractée *intuitu personæ*, si l'un des associés vient à mourir, la société est dissoute ; en outre, à raison de ce que chaque associé est tenu pour le tout, on hésitera à entrer dans la société.

b. *Association en commandite simple.* — Elle comprend: 1º les *commandités*, dont la situation est celle des associés en nom collectif; 2º les *commanditaires* ou bailleurs de fonds. Ils ne sont responsables des dettes de la société que dans la limite de leur apport. Toutefois, ces bailleurs de fonds ne peuvent pas céder leur place à d'autres.

c. *Association en commandite par actions.* — Les possesseurs d'actions peuvent les vendre à leur gré et dégager ainsi leur responsabilité ; mais l'existence des commandités, tenus *in infinitum*, s'oppose à l'extension du développement des affaires sociales ; et la mort d'un commandité dissout la société.

d. *Association anonyme.* — Les actionnaires ne sont tenus qu'à raison des actions qu'ils possèdent ; ils peuvent les céder et sortir ainsi de la société. Cette société est un des moyens les plus puissants d'appel au crédit. A cause de cet appel à la confiance, la loi s'est préoccupée d'assurer au public certaines garanties.

THÉORIE DE LA VALEUR

La valeur représente l'utilité d'une chose. Une chose a de l'utilité : 1º parce qu'elle se prête à la satisfaction d'un de nos besoins, que cette satisfaction soit ou non reproductive ; 2º parce qu'elle permet l'échange. De là, la valeur en usage, celle qui correspond à la première utilité. Toute richesse a une valeur en usage et une valeur en échange.

VALEUR EN USAGE. — La *valeur en usage* est inhérente à l'idée de richesse. Là où on a richesse, on a utilité. — La *valeur en échange* ne peut se rencontrer que dans un état économique où existe la liberté du travail. C'est là seulement qu'une chose pourra avoir une valeur d'échange.

Conditions nécessaires pour la valeur en usage. — Il faut:

1º Que la chose puisse satisfaire à un besoin de l'homme. On n'échange pas un objet auquel on tient pour recevoir quelque chose qui ne présente aucune utilité.

2° Que la chose soit un objet de propriété. Comment une chose peut-elle s'échanger si elle n'est pas un objet susceptible de propriété.

3° Que la chose demande quelque effort à acquérir. On ne donne rien en échange de ce qu'on peut se procurer sans effort.

Une chose peut avoir une valeur en usage sans avoir une valeur en échange. Ainsi: l'eau de mer, l'air..., il ne coûte rien pour se les approprier; d'autre part, il n'y a pas que les richesses qui puissent avoir une valeur d'échange. Ainsi, les services ne sont pas des richesses, cependant, ils ont une valeur d'échange; le travail de l'homme a de la valeur en échange.

Valeur en échange. — La valeur en échange réside uniquement dans un rapport entre deux choses. Ainsi, dire qu'une montre vaut 100 fr., c'est dire qu'entre les utilités de la montre et les utilités de la monnaie, le rapport est tel, que cent pièces de 1 fr. sont l'équivalent de la montre. L'idée de valeur apparaît donc comme un rapport, non comme une somme fixe. La valeur d'une chose, c'est le rapport des utilités de cette chose aux utilités d'une autre chose. De là, il n'y a pas d'étalon de la valeur, c'est-à-dire de mesure fixe à laquelle on pourrait rapporter la valeur.

Les lois qui viennent fixer ces rapports des choses entre elles ou lois de la valeur sont susceptibles d'être modifiées par deux phénomènes : la spécialisation du travail et la concurrence.

Spécialisation du travail. — Dès que chacun se voue à la fabrication de certains produits, à l'exclusion de tous autres, on n'est plus réduit à échanger par suite du besoin absolu de certaines choses. Chaque coéchangiste entend obtenir de l'échange certaines conditions; il n'est plus à la merci de la nécessité. La spécialisation des professions est donc un moyen d'obtenir des instruments d'échange; et les frais de production prendront une importance considérable sur la fixation de la valeur.

Concurrence. — La concurrence est la multiplicité en un lieu ou à un moment donné de demandes ou d'offres des mêmes marchandises. Elle résulte de la liberté du travail. Parmi les fabricants, celui-là vendra plus facilement qui offrira aux acheteurs les meilleures conditions ; de même, parmi les acheteurs, celui-là sera préféré qui offrira le plus haut prix. De là, la loi de l'offre et de la demande.

La concurrence ne peut agir d'une façon efficace sur la valeur qu'à la condition que les offres et demandes du même produit soient connues de tous les intéressés; elle ne peut influencer la fixation de la valeur, qu'à la condition que les offres et les demandes soient centralisées. Cette centralisation se fait à l'aide : 1° Du commerce de détail, un certain nombre de personnes se portant intermédiaires entre le fabricant et le client; 2° des bourses de commerce ou réunion de ceux qui offrent et demandent la marchandise. Elles ont pour objet d'opérer la centralisation des offres et des demandes, les parties étant mises en rapports par l'intermédiaire des courtiers.

Etant admis que, sur un marché d'accès libre, il ne peut y avoir à un moment donné, pour la même catégorie de marchandises, plusieurs valeurs, les deux lois suivantes vont se dégager.

1° Loi de l'offre et de la demande. — L'offre, c'est la marchandise que l'on veut vendre; la demande, c'est la marchandise que l'on veut ou que l'on peut acheter. La quantité des offres et des demandes aura influence sur la fixation de la valeur. En présence d'une centralisation des offres et des demandes relatives à la même marchandise, la valeur se fixe au moment où l'équation s'établit entre les quantités d'offres et de demandes. La valeur ne dépend donc pas du rapport de l'offre et de la demande, mais du point de savoir s'il y a égalité de marchandises offertes et demandées.

Il ne faut pas s'imaginer que l'on puisse déterminer d'une façon mathématique l'influence qu'aura sur la valeur un excédant de l'offre sur la demande, et réciproquement. Supposez que l'objet soit de première nécessité, la valeur monte bien plus que la proportion exacte suivant laquelle les demandes dépassent les offres, les plus riches l'enlèveront à tout prix. Si l'objet est de ceux dont on peut se passer, ce sera l'inverse.

L'offre et la demande, d'une part; la valeur, d'autre part, sont deux forces ayant réciproquement action l'une sur l'autre. Si la valeur se fixe d'après la quantité d'offres et de demandes, les variations de valeur modifient l'offre et la demande. La valeur varie selon les quantités d'offres et de demandes; mais celles-ci varient suivant la valeur.

2° Loi du coût de production. — La marchandise apportée au marché pour y subir la loi de l'offre et de la demande ayant été fabriquée par quelqu'un qui s'apprête à en fabriquer de nouvelles semblables, il faut qu'il trouve dans le prix à lui donné en échange l'équivalent de ce qu'elle lui a coûté à fabriquer; et même un certain bénéfice. Il faut qu'il recouvre le coût de production et quelque chose de plus.

Supposons que la loi de l'offre et de la demande fasse baisser la marchandise au-dessus du coût de production, immédiatement la production va se modérer. De là, au bout de quelque temps, la quantité d'offre va diminuer: la valeur qui avait baissé va se relever. — A l'inverse, que la loi de l'offre et de la demande élève le prix des marchandises de beaucoup au-dessus du prix de production, des capitaux nouveaux vont se lancer dans cette branche d'industrie: les offres de cette marchandise vont augmenter, et peu à peu la valeur baissera.

Cette influence peut se faire sentir sans même que, effectivement, la fabrication du produit se ralentisse ou augmente. Supposez, en effet, qu'un impôt vienne à frapper une marchandise, la valeur s'élèvera immédiatement, car tous les marchands subissant cette même augmentation des frais de production savent qu'il faut cesser la production ou augmenter la valeur. Dès lors, l'arrêt dans la production se trouve prévenu.

Au contraire, si un impôt est retiré, voilà une diminution des frais de production ; les fabricants consentiront, d'eux-mêmes, à ramener la valeur au vrai coût de production; de là, la *valeur normale*, qui est exactement égale au coût de production: et la *valeur courante*, déterminée par la loi de l'offre et de la demande avec tendance à se confondre avec la valeur normale.

Cas dans lesquels la loi de l'offre et de la demande seule peut agir. — Il en est ainsi des objets d'art anciens (monnaies anciennes, vieilles porcelaines, statues antiques). Ces objets, n'étant pas soumis à une production de tous les jours, échappent au coût de production: il ne subsiste que la loi de l'offre et de la demande. De là, la très grande influence de la mode sur ces objets. Il en est encore ainsi dans les cas où il existe un monopole de fabrication, par ex., pour le tabac, monopolisé par l'Etat. Celui qui a le monopole est toujours sûr de recouvrer ses frais: il ne doit se préoccuper que de la demande. C'est à tort qu'on a dit qu'il n'y avait ici application d'aucune des deux lois, car si l'Etat veut vendre un certain prix, il doit modeler sa production d'après le plus ou moins grand nombre de demandes. Pour toute marchandise il y a donc un moment où elle ne subit que la loi de l'offre et de la demande. C'est d'après l'existence des offres et des demandes que va se fixer la valeur actuelle sur le marché: il y a un moment où la loi de l'offre et de la demande vient seule déterminer la valeur.

Pour tous les autres cas, quand il s'agit d'objets qu'on peut produire d'une façon illimitée, nos deux lois s'appliquent : à côté de la valeur courante, fixée chaque jour par l'offre et la demande, se place la valeur normale vers laquelle la valeur courante tend toujours à se rapprocher: le coût de production produit son effet non directement sur la valeur mais en modifiant l'offre et la demande.

La valeur normale d'une richesse s'établit non d'après le coût de production le plus faible ou le plus élevé, mais par un coût de production moyen. Toutefois, il ne s'agit pas d'une moyenne mathématique. En supposant, par ex. dans une industrie, un outillage en voie de renouvellement, c'est une erreur de croire qu'il n'y a de profit à espérer que pour les établissements qui possèdent l'outillage perfectionné, car ils ne sont peut-être ni assez nombreux, ni assez puissants pour alimenter la consommation. La limitation de la fabrication dans les établissements qui produisent au moindre coût de revient et la transformation plus ou moins lente de l'outillage feront monter la valeur au-dessus du taux minimum des frais de production.

En résumé : si la production peut être indéfiniment augmentée aux conditions du moindre coût de production, ce sera le coût de production le plus bas qui sera la règle de la valeur normale. Ceux qui produiront à meilleur marché feront un bénéfice qui attirera des capitaux qui produiront aux conditions du moindre coût de production. C'est vers ce moindre coût de production que se fixera la valeur normale.

Si, au contraire, les conditions sont telles que l'alimentation du marché exige qu'on y vende les marchandises produites au plus haut coût de production, et que cette situation ne puisse pas être modifiée pendant un certain temps, pendant ce temps, ce sera sur le plus haut coût de production que se fixera la valeur normale.

THÉORIE DE LA MONNAIE

La *monnaie* et les *institutions de crédit* sont des procédés inventés en vue de faciliter l'échange.

La monnaie est nécessaire dans les échanges, car l'échange direct présente les difficultés suivantes:

1° Difficulté de savoir quelle est la puissance d'échange d'une marchandise contre une autre marchandise. C'est pourquoi l'on a besoin d'une valeur à laquelle on puisse rapporter toutes les autres marchandises; cette valeur, qui sert de mesure commune, c'est la monnaie.

2º Difficulté de faire accepter la marchandise que l'on cède en payement de celle que l'on achète. Au contraire, la monnaie est un intermédiaire toujours accepté dans les échanges.

3º Difficulté de diviser la chose que l'on offre en échange. Au contraire, la monnaie est une marchandise essentiellement divisible.

4º Difficulté, pour certaines marchandises, de se prêter au rôle de l'épargne. On ne conçoit pas une personne amassant des quantités de pains ou d'habits pour sa vieillesse. Au contraire, la monnaie, qui se présente sous un petit volume, se prête merveilleusement à ce rôle.

QUELLES CONDITIONS DOIT RÉALISER UNE MONNAIE. — 1º Elle doit se présenter sous un *petit volume*; il faut prendre pour monnaie une richesse ayant peu de valeur sous un petit volume; la monnaie doit représenter la valeur intrinsèque des marchandises.

2º Elle doit présenter une *divisibilité parfaite*, de manière à se prêter à tous les degrés de l'échange.

3º Il doit exister une *proportion constante entre la valeur et le poids de la monnaie*: un objet de petit volume et de très grande valeur, par ex. un diamant, ne remplirait pas ces conditions.

4º La monnaie ne doit *pas être exposée à de trop grandes variations*. — Elle a pour première utilité de jouer le rôle d'étalon. Or, moins elle variera de valeur, plus elle jouera son rôle d'une manière approximative. L'or et l'argent sont parmi les choses qui présentent le mieux ce caractère.

Or et argent jouant le rôle de monnaie. — La monnaie est une marchandise comme une autre: elle joue son rôle de marchandise échangeable, mais elle est acceptée par ceux qui n'en ont pas besoin. La monnaie est un objet matériel; il est utile; il est approprié: c'est une richesse. Toutefois il ne faut pas croire, avec le système mercantile, que ce soit la seule richesse et qu'il faille employer toutes sortes de moyens pour l'empêcher de sortir du pays. La vérité économique, c'est qu'il ne faut pas avoir trop de monnaie. La monnaie n'est pas une chose de convention; c'est le signe représentatif non d'une valeur imaginaire, mais d'une valeur vraie.

Fixation de la valeur de la monnaie. — La valeur de la monnaie se confond avec l'élévation ou l'abaissement des prix. Si les prix sont élevés, la monnaie a une petite valeur d'échange; si les prix baissent, la valeur d'échange de la monnaie augmente.

Les variations de valeur de la monnaie obéissent: 1º à l'offre et à la demande; 2º au coût de production.

a. Offre et demande. — L'offre de la monnaie résulte des demandes des acheteurs. Par ex. j'offre 20 fr. pour avoir une chose, voilà la limite de mon offre. La demande résulte des quantités de marchandises offertes à la vente. J'offre une marchandise: en échange, je réclame de la monnaie. S'il y a beaucoup de marchandises offertes, et peu de monnaie disponible, la valeur de la monnaie augmentera. C'est le secret des opérations des changeurs: ils vendent de la monnaie comme on vend du coton. Supposez une place qui a beaucoup d'obligations à remplir dans une autre place, et qu'elle ne puisse les remplir que par envoi de monnaie. Dans trois mois, cette place sera dépourvue d'argent. Le changeur qui le prévoit se procurera, pour cette époque, de la monnaie qu'il offrira contre des effets de commerce qui lui seront payés très cher.

b. Coût de production. — Il fixe la valeur normale de la chose, ce qu'elle a coûté à produire; et vers cette valeur normale revient, par une attraction nécessaire, la valeur courante. Le même phénomène se représente pour la monnaie, car on la produit constamment. Dans les pays d'extraction, ce sera: 1º le coût de production du lingot; 2º le prix du monnayage; 3º l'intérêt de la valeur du lingot pendant le temps du monnayage. Dans les pays où l'on n'extrait pas le métal précieux, c'est le prix auquel on se procure le lingot. Le coût de production des monnaies étrangères, ce sera le prix auquel le changeur se procure cette monnaie. Par ex. la monnaie anglaise.

L'influence du coût de production ne se fait pas toujours sentir avec la même rapidité: par ex. si une marchandise existe en quantités énormes, bien qu'on en produise très peu, la production aura peu d'influence sur la valeur de cette marchandise. C'est ainsi encore que si, à un moment donné, il y a beaucoup de maisons inoccupées, bien que la production s'arrête, elle n'aura pas d'effet sur la valeur, car elle est très peu de chose à côté des quantités existantes.

Observations. — 1º La demande de la monnaie est illimitée. Quand j'offre un objet à la vente, je demande tant qu'on voudra me donner.

2º Le rôle de monnaie joué par l'or et l'argent amène, pour l'or et l'argent monnayé, l'extension d'un phénomène intéressant: la *circulation*. J'achète un objet pour 100 fr. Celui qui les reçoit va s'en servir, à son tour, afin d'acheter autre chose. Les mêmes pièces servant ainsi à deux achats, la puissance de l'offre de la monnaie se trouve multipliée par la rapidité avec laquelle la monnaie va circuler.

La monnaie est quelque chose d'arbitraire, une sorte d'invention des hommes : elle implique, pour produire tous ses résultats, cette convention tacite, qu'elle sera constamment reçue dans les échanges, pourvu, toutefois, qu'elle soit bonne et valable. De là, la nécessité que quelqu'un soit chargé d'éviter au vendeur, qui reçoit la monnaie, les difficultés d'une vérification. Cette personne en laquelle tout le monde a confiance, c'est l'État représentant la société.

Rôle de l'État en matière de monnaie — 1° Il doit faire choix d'un certain nombre de types de monnaie qui, par leur forme, affirment immédiatement sa valeur. En France, le système monétaire a le précieux avantage d'être en relation avec le système des poids et mesures.

2° Il doit garantir la loyauté de la monnaie qui circulera. Pour cela, il faut qu'il la frappe lui-même.

En Angleterre, aux États-Unis, en France, depuis 1779, c'est l'État qui frappe la monnaie (*système de la régie*).

En Belgique, en France, jusqu'au 31 juillet 1779, le frappage de la monnaie était confié par l'État à des entrepreneurs sous sa direction et sa responsabilité (*système de l'entreprise*.

3° Il doit veiller à ce que les pièces qui se détériorent, qui subissent le frai, ne circulent pas ; il doit les retirer et prendre à son compte cette perte. En France, on estime à un million par an la valeur perdue par suite de l'usure : cela tient à la composition même de la pièce, à son volume et à la rapidité de sa circulation. L'État est responsable de la valeur réelle de la monnaie, du défaut de poids. Il doit apporter un très grand soin à opérer le retrait des pièces usées, car il aurait beau en émettre de nouvelles, ce sont toujours les vieilles pièces qui restent dans la circulation : les bonnes monnaies cèdent toujours la place aux mauvaises (*loi de Gresham*).

4° Il doit donner à la monnaie qu'il frappe un cours forcé à la valeur nominale qu'il lui a attribuée. On ne peut refuser la monnaie à laquelle la loi a donné le cours forcé, on est obligé de la prendre à sa valeur nominale. L'État prête sa sanction à cette convention tacite. De là cette conséquence, que la monnaie se maintient dans le courant de la circulation sans subir certaines variations qui se produisent sur le marché correspondant (par ex., chez les changeurs). D'autre part, si l'on reçoit une monnaie divisionnaire dont la valeur réelle ne correspond pas à sa valeur nominale (une pièce de 2 francs n'est pas en correspondance avec la pièce de 5 francs : de même *a fortiori*, la monnaie de billon) c'est que l'État donne une confiance suffisante au public pour qu'il accepte. C'est pour cela que l'État se réserve le monopole non seulement du monnayage, mais encore de l'émission de ces monnaies divisionnaires : c'est une compensation de la perte du frai. En outre, on a soin de ne pas lui donner le cours forcé d'une manière absolue : l'argent divisionnaire ne peut être imposé que jusqu'à 50 francs, et la monnaie de billon jusqu'à concurrence de 5 francs.

OBJECTIONS SOULEVÉES CONTRE L'INTERVENTION DE L'ÉTAT. — La monnaie est une marchandise : or l'État en lui donnant une valeur nominale fausse l'échange et modifie la valeur vénale de la monnaie. — L'intervention de l'État donne une plus grande fixité à la valeur de la monnaie : c'est là un résultat précieux, sinon il se produirait une foule de complications. Des économistes veulent même que l'État ait le monopole de tout le système : du *monnayage* et de l'*émission*. Non seulement il se réserverait le soin de fabriquer la monnaie, mais encore, à raison du monopole d'émission, il aurait seul le droit de décider s'il y a lieu ou non de frapper de la monnaie. — Ce monopole est inadmissible ; il fausserait le système de la liberté du travail et des échanges. Il faut maintenir à l'État le monopole du monnayage et réserver aux particuliers le droit d'émission. L'État seul frappera la monnaie : mais tout particulier aura le droit de dire : monnayez-moi ce lingot. C'est ce qui se passe en France. L'État fait payer un petit droit de monnayage : ce profit est la compensation de la perte du frai. En Angleterre, à l'Hôtel royal, on frappe la monnaie gratuitement.

Exception au droit d'émission accordé à tout particulier. — C'est en ce qui concerne la *monnaie divisionnaire*. L'État a le monopole relatif non seulement au frappage, mais encore à l'émission : la valeur réelle ne correspondant point à sa valeur nominale, tout le monde ferait frapper, par ex., des pièces de 20 sous.

Monométallisme et bimétallisme. — Il existe deux types principaux parmi les systèmes monétaires en vigueur : le *monométallisme* ou système du cours forcé unique ; le *bimétallisme* ou cours forcé de l'or et de l'argent. Le premier est dit système de l'étalon simple ; et le second, système du double étalon. Le *monométallisme* implique qu'il n'y a qu'une seule monnaie ayant une valeur légale, soit l'or, soit l'argent, à l'exclusion de l'autre. Le cours forcé unique ou monométallisme est admis en Angleterre, où existe le cours forcé unique au moyen de la monnaie d'or. En France, nous avons le double étalon d'or et d'argent. L'or et l'argent sont libératoires pour les débiteurs : mais la liberté de monnayage n'existe pour les particuliers que relativement aux lingots d'or, la fabrication des pièces de 5 francs en argent pour le compte des particuliers pouvant être limitée ou suspendue par décret.

SYSTÈME MONÉTAIRE D'APRÈS LA LOI DU 7 GERMINAL AN XI. — Aux termes de cette loi, qui donne cours forcé illimité aux monnaies d'or et d'argent, 5 grammes d'argent constituent l'unité monétaire sous le nom de franc : en outre, les art. 6 et 7 décident qu'il sera frappé des pièces d'or de 20 francs. Le rapport de valeur entre l'or et l'argent est de 15.5, c'est-à-dire que un gramme d'or vaut 15 gr. 5 d'argent. La loi de germinal consacre le 15 1/2 ou le bimétallisme.

En Angleterre, existe le cours forcé unique ou monométallisme, au moyen de la monnaie d'or. D'autres nations, l'Autriche, la Russie, l'Inde, l'Amérique centrale et le Mexique ont le monométallisme, mais avec la monnaie d'argent. De même, l'argent est la monnaie préférée de presque tout l'Orient.

Des économistes regardent la doctrine du double étalon ou bimétallisme comme contraire à la nature des choses. Avoir un double étalon est aussi déraisonnable que d'avoir deux unités de mesure différente dont on pourrait se servir à volonté. — Sans doute, le mot étalon n'est pas exact ; il n'y a pas d'étalon de la valeur ; et ni l'or ni l'argent n'ont droit au titre d'étalon véritable, puisque le double étalon suppose immuable et fixe le rapport entre la valeur des deux monnaies, tandis que, au contraire, la valeur respective des lingots d'or et d'argent subit des variations incessantes. La loi de germinal, en adoptant un étalon, a rendu invariable le poids et le titre des monnaies, c'est-à-dire, l'élément matériel et non la valeur.

OBJECTIONS CONTRE LE BIMÉTALLISME OU DOUBLE ÉTALON. — 1° Il ne donne pas, en réalité, une double circulation métallique. En effet, l'or fait-il prime sur l'argent, immédiatement il disparaît et est remplacé par l'argent, qui afflue. C'est une application de la *loi de Gresham*, d'après laquelle : *a*. Toute mauvaise monnaie chasse la bonne : *b*. deux monnaies d'or et d'argent ne peuvent se maintenir simultanément en quantités normales dans la circulation si le rapport légal de valeur établi entre elles diffère sensiblement du rapport commercial ; 2° les conséquences des variations dans la valeur des métaux seront exclusivement aux risques du créancier, car le débiteur choisira pour se libérer la monnaie qui sera la moins chère. — *Réponse.* La loi de Gresham indique plutôt une tendance qu'elle ne formule un principe absolu. Ainsi, aujourd'hui, quoique l'argent ait subi une forte dépréciation, l'or n'est pas rare. La tendance de l'un des métaux à la hausse est ralentie par la mise en disponibilité de l'autre métal qui vient le remplacer. Quant à la perte, à laquelle est exposé le créancier, de recevoir son payement avec la monnaie dépréciée, elle peut aussi être conjurée : en effet, prévoyant qu'il sera payé avec le métal qui est en baisse, il fixera son prix en tenant compte de la dépréciation possible que peut subir, dans des conditions normales, l'un des deux métaux.

CAUSES DE LA DÉPRÉCIATION DE L'ARGENT. — On a indiqué les causes suivantes : 1° les progrès de l'extraction des mines d'argent ; 2° la préférence donnée à l'or par le commerce ; 3° la diminution des exportations en Orient (où la monnaie d'argent a seule cours) ; 4° la démonétisation de l'argent dans certains pays.

UNION LATINE. — A la suite de la démonétisation de l'argent par plusieurs Etats, notamment par l'Angleterre et les Etats-Unis, la France, l'Italie, la Belgique et la Suisse conclurent en 1865, pour quinze ans, une convention à l'effet de remédier à la disparition de la monnaie courante d'argent exportée dans l'Inde à la suite de la crise cotonnière qui avait déterminé une grande exportation d'argent dans l'Inde (l'argent faisant prime était retiré de la circulation) Il fut décidé : 1° qu'on transformerait la monnaie d'argent en monnaie divisionnaire ; 2° quant aux pièces divisionnaires de 0,20, 0,50, 1 franc, 2 francs non seulement le droit d'émission fut désormais attribué aux gouvernements seuls, mais chaque Etat s'engagea à n'en frapper que pour 6 francs par habitant, ce qui faisait pour la France 239 millions de francs. En même temps, on limita leur cours forcé à 50 francs : ce furent des monnaies d'appoint.

Cette même union latine, à la suite de conférences monétaires tenues en 1874, 1875, 1876, a limité à 120 millions pour tous les Etats signataires la frappe des pièces de 5 francs. De plus, en France, quand on s'aperçoit de trop grandes spéculations sur un métal, la Monnaie recule le terme de livraison des monnaies par elle fabriquées et augmente le coût de production de l'or. Avec ces tempéraments on arrive à un système qui n'est, ni le monométallisme, ni le bimétallisme. On oppose ainsi un moyen de défense qui permet de résister assez longtemps pour que l'or et l'argent reviennent au pair.

SYSTÈME DE L'ÉTALON MULTIPLE DE LOWE. — Pour corriger ces inconvénients, on a proposé le système de l'étalon multiple de Lowe. Une commission officielle permanente prendrait, à des époques fixes, dans l'intérieur d'un même pays, la valeur courante des marchandises les plus usuelles. Le prix moyen de ces marchandises servirait à constater et à corriger la valeur des métaux précieux. On aurait un étalon de la valeur donnant une grande fixité, et qui permettrait de savoir si la valeur de la monnaie a changé.

Conclusion. — La démonétisation de l'argent dans les pays voisins fait courir à la France des dangers sérieux: c'est ainsi que toute la monnaie d'argent allemande venant se faire frapper chez nous détermine une baisse de l'argent, qui était en 1881 de 135 pour mille de sa valeur. La conséquence n'est-elle pas que nous sommes exposés à absorber cette monnaie dépréciée et à voir disparaître notre or ? Cependant il ne faut pas exagérer ces dangers. L'argent a encore aujourd'hui des placements très sérieux assurés. Ainsi, beaucoup de pays l'admettent concurremment avec l'or; d'autres n'ont même que l'étalon d'argent (l'Autriche, la Russie, l'Amérique centrale et le Mexique): l'Angleterre nous en achète pour envoyer dans les Indes, où n'existe que l'étalon d'argent. Finalement, il n'y a pas lieu, pour le moment, de changer notre système monétaire. Il faut empêcher que cette absorption des masses d'argent démonétisées ne se fasse trop vite, et pour cela employer les moyens de défense sus-indiqués.

DU CRÉDIT

Le crédit se rencontre toutes les fois qu'une personne consent à livrer à une autre un capital sans recevoir immédiatement l'équivalent.

1° Il agrandit l'œuvre de l'échange. C'est grâce à lui que se fera la rencontre des capitaux et des hommes capables de s'en servir.

2° Il permet aux petits capitaux de trouver place dans le groupement des forces de la production (sociétés par actions).

3° Il crée, à côté de la monnaie, une circulation d'effets de commerce, de papiers.

Toutefois, si le crédit favorise l'extension de l'échange, il ne faut pas aller jusqu'à dire qu'il crée ou multiplie les capitaux: il ne fera jamais qu'au lieu d'un capital il y en ait deux. Mais s'il ne crée pas les capitaux, il aide à leur meilleure répartition.

Institutions de crédit. — L'emprunteur qui désire avoir crédit offre au capitaliste :

1° Un *intérêt*, en compensation des risques que court le prêteur et de la privation de son capital. C'est ce que fait le fermier quand il reçoit une terre. Chez les Romains, de bonne heure, des lois vinrent limiter le taux de l'intérêt. Sous la République, il était vraisemblablement de 12 0/0. Sous Justinien, le taux légal était de 6 0/0. En matière commerciale, il était de 8 0/0. Enfin les personnes illustres ne pouvaient prêter qu'à 4 0/0. Les pays de droit écrit suivirent la législation romaine. Dans les pays de coutume, sous l'influence de l'Église, l'intérêt fut prohibé. Un décret du 2 octobre 1789 permit de prêter à 5 0/0 en matière civile, et sans limitation en matière commerciale. Dès 1793, la limite fut enlevée en matière civile. Le Code, dans l'art. 1907, ne tranche pas la question de savoir si l'intérêt est ou non limité; il fait pressentir une loi qui, portée le 3 septembre 1807, fixe la limite de l'intérêt à 5 0/0 en matière civile et 6 0/0 en matière commerciale. Mais cette loi de 1807 n'est pas applicable aux colonies ; notamment pour l'Algérie une ordonnance des 7 et 18 décembre 1835 supprime toute espèce de limite à l'intérêt conventionnel. L'intérêt légal est de 10 0/0. C'est à raison des risques que couraient au début ceux qui prêtaient aux nouveaux colons. Cette ordonnance de 1835 subsiste: aujourd'hui encore en Algérie l'intérêt est libre.

2° Une *hypothèque*, droit réel concédé par l'emprunteur sur un immeuble qu'il possède. Le créancier est investi d'un droit de *préférence*, qui lui permet d'être payé avant les autres créanciers de son débiteur, et d'un droit de *suite*, qui lui donne la faculté de poursuivre entre les mains des tiers l'immeuble affecté à sa garantie.

3° Un *gage*, remise d'un objet mobilier au créancier, qui lui confère le droit de retenir, de faire vendre et de se payer, par préférence, sur le prix de la chose donnée en gage. — La loi du 23 mars 1855, sur la *transcription*, assure le créancier hypothécaire contre toute surprise relativement au rang de son hypothèque; et la loi du 23 mai 1863 rend beaucoup plus facile la réalisation du gage.

4° Une *subrogation de l'indemnité d'assurance.* — La Cour de cassation n'admet pas la subrogation de plein droit, du créancier hypothécaire dans l'indemnité due par la compagnie d'assurances en cas d'incendie de l'immeuble hypothéqué, sous prétexte que l'indemnité représente non la valeur de l'immeuble, mais la valeur des primes payées par le débiteur. Cependant si les marchandises déposées dans les magasins généraux viennent à périr et ont été assurées, l'indemnité est payée au créancier porteur du *warant*. Il en est de même dans la loi sur l'hypothèque maritime.

5° *La faculté de céder sa créance*, s'il désire rentrer dans ses fonds. Le moyen, c'est de faire que le véritable prêteur soit tout le monde, ce qui se produit, soit au moyen des *sociétés par actions*, auquel cas on vend son action avec les bénéfices et les charges ; soit au moyen de la cession de créance. A cet effet, on donne au titre qui constate l'existence de la créance la forme *à ordre*. Ce titre est rédigé au nom du créancier ou à son ordre. De là, pour le créancier le droit de céder son titre par la voie de *l'endossement*, c.-à-d., par une simple mention mise au dos du titre. On peut aussi recourir au *titre au porteur*, c.-à-d., s'engager à payer à celui qui présentera le titre à l'échéance. Ainsi, l'Etat faisant un emprunt émet des obligations qui peuvent être *à ordre* ou *au porteur*. (Elles peuvent aussi être *nominatives*). Celui qui les a achetées peut les repasser à un autre par un *endossement*. De même, les sociétés donnent à leurs actions ou obligations l'emploi de la forme *à ordre* ou *au porteur*. Le particulier peut également s'engager à rembourser la somme qu'il a reçue, au prêteur ou à son ordre (au moyen du *billet à ordre*. Le prêteur donne ce billet en payement à son créancier, qui pourra lui-même le transmettre à un autre ; et au fur et à mesure que le billet à ordre circule, la confiance augmente, car à mesure qu'il circule, il s'endosse et se couvre de signatures, lesquelles sont responsables du non-payement du billet. Pour assurer les payements extérieurs, on a créé un autre type, la *lettre de change*, qui a sur le billet à ordre l'avantage de pouvoir être tirée d'un lieu sur un autre : ayant un débiteur et un créancier à Londres, je délivre à mon créancier une lettre par laquelle je mande à mon débiteur de payer à mon créancier ou à son ordre la somme qu'il me doit. Celui-ci, après l'avoir fait accepter du débiteur, la lance dans la circulation comme monnaie courante au moyen de l'endossement.

On peut encore joindre aux lettres de change les *connaissements* ou *récépissés*, reçus du capitaine du navire sur lequel sont expédiées les marchandises vendues par celui qui a créé la lettre de change, et qui constituent une sorte de gage sur la marchandise, le capitaine ne devant les remettre qu'au porteur des connaissements ou récépissés.

Il en est de même de la *lettre de voiture* délivrée par l'entrepreneur du transport.

On peut faire circuler le gage lui-même au moyen du *warant* (loi du 20 mai 1858). Quand une marchandise arrive dans un port et que le destinataire ne peut la recevoir, il la dépose dans des *magasins généraux* ou *docks* et on lui remet un *récépissé* et un *warant*. Le *récépissé* reconnaît la propriété de la marchandise ; le *warant* est un bulletin de gage. Pour conférer un droit de gage sur la marchandise, il suffit d'endosser le warant ; il donne droit à un gage sur la marchandise, et permet de la vendre.

Une loi de messidor an III avait étendu ce système aux immeubles. Aux termes de cette loi, on pouvait se faire délivrer par le conservateur des hypothèques des titres d'hypothèque ou *cédules hypothécaires* constatant la valeur de la propriété, et les faire circuler. On voudrait aujourd'hui créer, relativement à chaque immeuble, des titres à ordre donnant droit d'hypothèque sur les immeubles.

Enfin, on pourrait appliquer aux navires un système analogue à celui du *warant*. La douane, détenant le navire, remettrait au propriétaire un récépissé et un bulletin de gage. Ces titres, portant sur une valeur sérieuse, pourraient être livrés à la circulation.

BOURSE ET EFFETS PUBLICS

Indépendamment du billet à ordre, de la lettre de change, du warant, du chèque et du billet de banque, il y a des titres qui n'ont pas le caractère de monnaie et dont la valeur variable donne lieu à des spéculations.

Ces titres, qui se négocient à la Bourse des effets publics par l'intermédiaire des agents de change, sont : 1° les rentes sur l'État : 2° les actions des grandes compagnies ; 3° les obligations des compagnies, des villes, du trésor, etc...

C'est sous la forme d'un contrat d'achat et de vente que sont créés les effets publics et autres qui se négocient à la Bourse. Quand un État ou une société ont besoin de crédit, ils créent un certain nombre de titres et les offrent à qui veut les acheter. Toutefois, avant d'arriver aux mains des véritables prêteurs, avant d'être classés, les titres ainsi émis vont tomber entre les mains d'une couche de spéculateurs qui ne les achètent que pour les revendre aussitôt qu'ils pourront donner un bénéfice.

Agents de change. — Les opérations sont faites, à la Bourse, par le ministère des agents de change, qui se tiennent en vue du public dans le parquet, lieu un peu élevé dans l'intérieur de la Bourse et entouré d'une balustrade. Au milieu du parquet est la *corbeille*, espace circulaire entouré d'une balustrade absolument fermée, et qui reste toujours vide : les agents de change forment le cercle autour de la corbeille, de façon à se voir et à s'interpeller facilement. Astreints au secret professionnel, ils contractent entre eux pour leurs clients sans les nommer : et pour la garantie de l'exécution du marché, ils se font remettre une couverture par leurs clients, c'est-à-dire une somme suffisante pour se couvrir en cas d'inexécution du contrat.

Opérations. — Les opérations sur les effets publics peuvent être : 1° Des *opérations au comptant*, où la livraison du titre et le payement du prix ont lieu immédiatement; 2° des *opérations à terme*. On achète le 5 des titres livrables et payables seulement le 31. Les marchés à terme sont dits *fermes* lorsque les deux parties sont liées d'une manière absolue par le contrat. Ils sont dits *à prime*, lorsque l'acheteur peut se libérer du marché en abandonnant une petite portion du prix ou prime qu'il a payée au moment du marché. Le marché est dit *report* lorsqu'une même personne achète au comptant et revend au même moment à terme, ou vend au comptant et rachète à terme.

Les effets publics deviennent ainsi de véritables marchandises : et comme on ne peut pas les reproduire indéfiniment, elles ne subissent dans leurs variations que la loi de l'offre et de la demande; elles sont, par conséquent, étrangères à la loi du coût de production. La loi de l'offre et de la demande peut être modifiée par le hasard, les coïncidences, et notamment la diminution des avantages promis par le titre, la diminution de la confiance qu'il inspire, etc.

DES BANQUES

Le crédit est l'objet d'une industrie exercée par les banquiers, qui n'est pas nouvelle. Les Romains connaissaient le commerce des banques. Les *argentarii*, de bonne heure, tenaient boutique au *forum* : mais pendant longtemps ils ne furent que des changeurs, spéculant sur les différences de valeurs entre les monnaies romaines et les monnaies étrangères. Plus tard, ils reçoivent des dépôts irréguliers, c'est-à-dire qu'ils se réservent le droit de disposer de la somme qui leur est confiée, tout en s'engageant à restituer, à première réquisition, la somme déposée.

Au XV° siècle, à Amsterdam, à Hambourg et à Nuremberg, des banques existent, mais qui n'opèrent qu'avec réserve : elles ne reçoivent que des dépôts réguliers, c'est-à-dire que le banquier doit conserver intacte la somme déposée et la rendre *in specie*. Cependant elles réalisent quelques bénéfices. Ainsi :

1° Elles évitent au négociant déposant les risques de caisse. Aussi, les banquiers stipulent-ils un *droit de garde*.

2° Elles facilitent le commerce en permettant les *virements* : deux négociants ayant des fonds déposés chez le même banquier, celui-ci transporte au compte du créancier la somme qui lui est due par le débiteur dont il débite le compte de pareille somme.

3° A l'époque où les rois changeaient les titres des monnaies, les banques recevaient la monnaie déposée et la rapportaient immédiatement à une valeur imaginaire, la monnaie de banque, qui était invariable. Quand on déposait une somme de monnaie, on était crédité d'une quantité de monnaie de banque calculée d'après la quantité de métal précieux qui se trouvait dans les monnaies. Ce qui entrait dans la circulation, c'était non la monnaie déposée, mais la monnaie de banque, valeur parfaitement invariable, et qui ne se prêtait pas à la falsification de la part des rois.

Les banques ne prirent une véritable extension que le jour où on permit aux banquiers de disposer des sommes déposées chez eux, et où le dépôt régulier se transforma en dépôt irrégulier.

Les banquiers sont les intermédiaires de ceux qui veulent prêter et de ceux qui désirent emprunter.

Ressources des banquiers nécessaires aux avances. — Les banquiers ont un *capital de fondation* qui prend de l'importance quand il s'agit de *banques constituées par actions*. Là, quoique le capital puisse atteindre des millions, il ne constitue qu'un *fonds de réserve* insuffisant pour les avances : de même, *a fortiori*, les *bénéfices* que la banque peut faire ne suffisent pas à ses opérations. S'il s'agit d'une banque fondée par actions, les bénéfices se partagent entre les actionnaires ou constituent un fonds de réserve.

Les ressources des banquiers, nécessaires à leurs avances, sont :

Les dépôts qu'ils reçoivent et les recouvrements qu'ils sont chargés de faire. Le dépôt en banque est un dépôt irrégulier; et bien que le banquier reste obligé de restituer à première réquisition la somme déposée, il a le droit d'en disposer. Ce qu'il doit restituer, c'est une valeur équivalente; il employera les dépôts à ses opérations. Dans ces conditions, il va chercher à utiliser les sommes qu'on lui confie et à attirer de nouveaux dépôts.

Procédés par lesquels le banquier utilise les dépôts. — 1° Il fait des *prêts d'argent*. Le banquier compte bien que les déposants ne se présenteront pas en masse ensemble pour obtenir les remboursements. Aussi doit-il avoir la précaution de diriger ses opérations d'avances d'argent de telle manière qu'il lui rentre périodiquement certaines sommes; il doit composer avec le plus grand soin son portefeuille, l'ensemble des billets qu'il a escomptés. Au besoin, si une demande collective de remboursement se produit, par exemple en cas de crise, il prend son portefeuille et le fait escompter en bloc par la Banque de France; à défaut, il emploie le capital de fondation et sa fortune personnelle.

2° Il a recours au *billet de banque*. C'est un papier prenant toute sa valeur dans le crédit de celui qui l'émet. C'est une promesse du banquier de payer en bonne monnaie, à première réquisition, la somme indiquée par le billet: en cela, il diffère du *papier-monnaie*, que le gouvernement émet ou permet d'émettre, auquel il donne le cours forcé et dont il défend de réclamer le remboursement à celui qui l'a émis. Le papier-monnaie s'impose à la confiance publique. Au contraire, le billet de banque ne s'impose pas; alors même qu'il a cours forcé, on a encore le droit d'aller à la Banque de France le transformer en numéraire. — Dans certains cas exceptionnels le billet de banque se transforme en papier-monnaie; alors, il peut être imposé comme monnaie, et la Banque est dispensée de le rembourser.

Le billet de banque ressemble au billet à ordre et à la lettre de change, en ce que, comme eux, il est payable à vue et au porteur; mais il en diffère sous les points suivants:

a. La lettre de change et le billet à ordre n'ont qu'une durée de *cinq ans*. — Le billet de banque n'a pas de terme fixe dans sa durée.

b. La lettre de change et le billet à ordre entraînent, en cas d'endossement, la responsabilité de tous ceux entre les mains desquels il a passé (l'endosseur est responsable du payement à l'échéance). — Le billet de banque n'entraîne aucune responsabilité pour celui qui le donne en payement; cela, quand même la Banque de France ne le rembourserait pas. En effet, étant émis par un grand établissement, il inspire assez de confiance pour qu'on se contente de la responsabilité de cet établissement.

Rôle économique du billet de banque. — Quand le banquier a reçu un dépôt, il se demande de quelle portion de ce dépôt il peut disposer pour ses avances d'argent. S'il a la faculté d'émettre des billets de banque, avec ces billets il fera des avances et étendra ses opérations dans une large proportion. — Quelquefois, la Banque qui émet ces billets n'en trouve pas le placement; cependant, même en pareil cas, l'émission lui sera profitable: elle fera ses opérations avec ces billets et fera ainsi rapporter des intérêts à la somme que son billet de banque la dispense d'affecter à ses opérations. La Banque peut émettre des billets pour le double au moins de son encaisse métallique; en outre, le billet de banque offre cette garantie, qu'une partie des billets ne viendra pas à la Banque, en remboursement.

Comment la Banque encourage les dépôts. — 1° Elle offre aux déposants un *intérêt*.

2° Elle opère les *recouvrements* et effectue les *payements* pour le compte des déposants; d'autre part, elle rembourse les sommes déposées, à première réquisition. Le banquier se porte caissier de son client et lui assure la facilité de retirer son argent.

3° Elle délivre des *chèques*. — C'est un effet de commerce qui a pour objet de permettre au déposant de retirer les sommes déposées. En Angleterre, où il a pris naissance, on arrive à la suppression de l'emploi de la monnaie, les banquiers réglant les comptes de leurs clients par des compensations.

En France, on n'emploie le chèque que depuis la loi du 20 juin 1865.

Fonctionnement du chèque. — Le chèque est un écrit destiné à retirer les fonds qu'on a dans une banque. Cet instrument de retrait se rattache à l'habitude qu'ont les Anglais de faire faire leur service de caisse par des banquiers. On arrive ainsi à la suppression de l'emploi de la monnaie par la compensation dans le *clearing house*, vaste salle où les banquiers centralisent entre leurs mains tous les chèques et les compensent journellement entre eux en réglant seulement chaque soir les différences qu'ils peuvent se devoir, une fois les compensations faites. Le chèque est régi en

France par loi du 20 juin 1865. Jusque-là, on ne se servait pour les retraits que de récépissés. Une Chambre de compensation a été créée récemment à Paris et fonctionne depuis le 11 mars 1872. En 1874 elle a compensé pour deux milliards de chèques, et en 1880 pour quatre milliards. Il y a encore loin sans doute de ces chiffres à ceux du *clearing house* de Londres; mais c'est là cependant un résultat important qui ne fera que s'accroître avec le temps.

Observation. — Il n'y a pas plusieurs espèces de banques: il y a des banques qui font telles opérations seulement. Ainsi, le *Comptoir d'escompte* ne fait que des escomptes, mais ce ne sont là que des distinctions d'opérations.

Banque de France. — C'est une banque privée fondée par actions au capital de fondation de 182 millions. Cependant, elle a un caractère officiel: bien que fondée par des particuliers, elle a été instituée sur l'initiative de l'Etat, qui désirait avoir à sa disposition un instrument de crédit puissant. Aussi, s'établit-il entre elle et l'Etat des relations constantes.

A l'époque où elle a été fondée (en 1800) il y avait des banques qui émettaient des billets, et parmi elles, la *Caisse des comptes courants*. La Banque de France fusionna avec elle, prit la suite de ses affaires; et, en même temps l'Etat lui confia des dépôts très importants. On voulait avoir un établissement de crédit qui pût faire des avances à l'Etat.

Privilèges. — Dès l'an XI, on profite d'une crise commerciale pour enlever aux autres banques de Paris le droit d'émettre des billets de banque. On fait de ce droit au profit de la Banque de France un privilège pour quinze ans.

En 1806, on place à sa tête un gouverneur nommé par l'Etat. En 1808, un décret fixe à nouveau les statuts de la Banque; et un autre décret de la même année l'autorise à établir des succursales dans les départements.

La crise financière de 1848 lui permet d'obtenir l'extension du privilège d'émettre seule les billets de banque. Aujourd'hui, avec le privilège d'émettre seule les billets de banque, son encaisse se chiffre par un milliard en espèces qu'elle a dans ses caves; et son bilan dépasse deux milliards.

Opérations. — Elle fait avant tout l'*escompte* des billets de commerce. C'est par là qu'elle devient, dans les temps difficiles, la ressource du commerce. Si la monnaie est rare, les négociants et banquiers portent escompter leurs effets et leur portefeuille à la Banque. Toutefois, pour être admis à l'escompte, tout billet doit être revêtu de *trois signatures*. De là, le *Comptoir d'escompte* et le *Sous-Comptoir d'escompte* : celui qui a un effet revêtu d'une seule signature le porte au *Comptoir d'escompte*, qui le lui escompte, s'il offre des garanties. De même, s'il a des marchandises, il les porte au *Sous-Comptoir d'escompte*, qui avance sur elles l'argent contre un billet. Ce billet, revêtu de la signature du souscripteur et du Sous-Comptoir, est présenté au Comptoir d'escompte, qui le signe à son tour et le porte à la Banque de France.

2° Elle fait aussi des avances sur titres. Depuis quelque temps, elle se charge de placer des actions et obligations, mais seulement à titre de mandataire; elle n'a pas le droit de soumissionnement.

Dans les crises commerciales, quand, par ex., à la suite d'une disette, la France est débitrice de l'étranger pour des sommes considérables, et que les lettres de change sont impossibles, les banquiers portent leur portefeuille à la Banque, qui fournit ainsi la monnaie dont le commerce a besoin, à un moment donné, quand il n'y a plus de monnaie fiduciaire. Cependant, si la crise se prolonge, il peut arriver un jour où son encaisse sera épuisée. Dans tous les cas, elle a certains moyens à opposer à la panique.

Remèdes contre l'épuisement de l'encaisse de la Banque. — 1° Elle peut *acheter du numéraire*. Elle a toujours une forte partie de son capital transformé en rentes sur l'Etat: avec cela elle peut acheter à l'étranger des lingots. En 1816, elle a acheté à la Russie pour 50 millions de lingots qu'elle a payés avec ses rentes sur l'Etat. Mais elle ne peut pas acheter assez de métal pour suffire à calmer une panique. De plus, ce métal n'est pas plutôt arrivé à la Banque, qu'il s'écoule par les guichets et prend le chemin de l'étranger.

2° Elle peut *élever le taux de son escompte.* — La loi du 9 juin 1857 supprime pour elle toute limitation du taux de l'intérêt et l'autorise, si les circonstances l'exigent, à élever au-dessus de 6 0/0 le taux de ses escomptes et l'intérêt de ses avances.

3° Elle peut *faire décréter le cours forcé du billet de banque.* — Cette mesure : a. donne au billet de banque le caractère d'une monnaie légale, pouvant être imposée dans les payements comme la monnaie elle-même; b. lui permet de cesser le remboursement des billets. La Banque n'use de l'emploi du cours forcé que pour tâcher de distinguer dans les réclamations d'espèces les véritables besoins commerciaux et les réclamations qui ne reposent que sur la peur. Elle distribue ses espèces à ceux qui en ont réellement besoin et les refuse à ceux qui ne sont guidés que par la peur. C'est ainsi qu'en 1848, elle n'a jamais hésité à fournir des espèces pour le payement des salaires ; de même, en 1871, à raison des avances énormes faites à l'État, elle en a donné dans des proportions utiles. Aujourd'hui, le billet de banque n'a plus cours forcé.

Restrictions apportées par la loi au mouvement du crédit, dans un but de police. — Pour protéger certaines personnes, la loi pose, en matière de lettres de change, des restrictions à la capacité encore plus larges que dans le droit commun. Ainsi, aux termes de l'art. 113 du Code de commerce, la signature des femmes et des filles non négociantes ou marchandes publiques sur lettres de change ne vaut, à leur égard, que comme simple promesse : de même aux termes de l'art. 114, les lettres de change souscrites par des mineurs non négociants sont nulles, à leur égard.

Dans le but de protéger le public. — Elle impose trois restrictions, qui consistent : 1° Dans le monopole accordé aux agents de change ; 2° dans la prohibition du jeu de bourse ; 3° dans la limitation du taux de l'intérêt.

I. Monopole des agents de change. — Ils sont les intermédiaires des opérations qui se passent dans les bourses d'effets publics et autres. Veut-on vendre un titre ou l'acheter, il faut le faire acheter par un agent de change, à moins d'agir directement. Ce monopole et la situation d'agent officiel qui en résulte sont très critiqués. Cependant on fait observer que ces opérations sont particulièrement délicates : que l'agent de change reçoit des titres d'une très grande valeur ; ou que, quand il reçoit l'ordre d'acheter, on lui confie des sommes considérables. Il faut donc quelqu'un qui offre toutes les garanties désirables. — La meilleure protection pour le public est celle qu'il se donne lui-même : celle offerte par la loi ne s'obtient qu'au prix de gênes considérables apportées au commerce. En fait, le nombre des agents de change est absolument insuffisant (à Paris il y en a soixante). La preuve, c'est qu'ils ont laissé se développer à côté d'eux la *coulisse*, fondée en 1816, consistant dans une réunion de spéculateurs qui usurpaient le monopole des agents de change, avec une organisation, des syndicats, des règlements. Mais en 1859 les agents de change intentèrent un procès aux coulissiers et firent condamner chacun d'eux à une amende de 10,500 francs. La coulisse disparut. Toutefois, elle ne tarda pas à renaître : actuellement elle fonctionne encore. L'existence même de la coulisse prouve l'inutilité des agents de change, car le public se protège bien contre les coulissiers. Sans doute, l'État n'aurait qu'à augmenter le nombre des agents de change, mais il faudrait indemniser ceux qui existent actuellement.

La question s'est présentée dans les mêmes termes pour les *courtiers* (intermédiaires dans les bourses de marchandises). Ils étaient autrefois agents officiels nommés par le gouvernement en nombre limité. On leur fit la guerre, et en 1866 on supprima leur monopole.

II. Prohibition du jeu de bourse. — Les marchés qui se font dans les bourses d'effets publics et autres peuvent être : ou un placement sérieux, ou une spéculation, ou un jeu, celui qui achète ou vend réglant son compte par des différences. La loi ne défend nullement les spéculations : mais elle prohibe le jeu, c.-à-d., les marchés qui ne se traduisent que par des différences. La véritable solution, c'est que les marchés à terme sont valables, même quand les titres ou l'argent ne sont pas déposés entre les mains de l'agent de change. Si l'on prouve qu'il y a eu jeu, il n'y a pas d'action pour réclamer le payement : on ne peut répéter ni opposer l'exception de jeu.

III. Limitation du taux de l'intérêt. — Un premier pas a été fait dans la voie de la liberté du taux de l'intérêt ; la Chambre des députés a voté, au cours de cette année, un article de loi ainsi conçu : Les lois du 3 septembre 1807 et du 19 décembre 1850 dans leurs dispositions relatives à l'intérêt conventionnel sont abrogées en matière de commerce ; elles restent applicables en matière civile. Ce projet de loi, qui consacre la liberté du taux de l'intérêt en matière commerciale, est actuellement soumis au vote du Sénat.

EXCEPTIONS. — 1° Le principe restrictif n'est pas applicable en *Algérie*. On peut faire aux colons algériens des prêts à un taux illimité. La loi du 27 août 1881 a réduit de 10 à 6 0/0 le taux de l'intérêt légal.

2° La *Banque de France*, afin d'augmenter son crédit et de résister aux crises, peut faire son escompte au taux qu'il lui convient (loi du 9 juin 1857).

3° Les *Monts-de-Piété*. En fait, à Paris, ils ne prêtent pas à moins de 9 1/2 0/0.

4° Les *banquiers*, pour la plupart de leurs avances, échappent à la limitation du taux de l'intérêt fixé par la loi de 1807. Le bénéfice de leurs avances est supérieur à 6 0/0. La jurisprudence, tenant compte du service tout particulier qu'ils rendent au public, a admis que les banquiers, outre l'intérêt de 6 0/0, peuvent prélever un droit de commission ; en outre, ils peuvent retenir la différence qui existe entre le 6 0/0 et le taux effectif de l'escompte de la Banque de France, cela afin de pouvoir faire parvenir à la Banque les effets escomptés des négociants dont ils sont les intermédiaires.

Depuis longtemps, la plupart des économistes réclament la liberté du taux de l'intérêt. Elle existe, d'ailleurs, en Angleterre, en Allemagne, en Autriche, en Espagne, en Italie, en Belgique. Au Mexique et au Brésil, on a élevé le taux. Au point de vue scientifique, il n'est pas douteux qu'il faille résoudre cette question dans le sens de la liberté. La monnaie, en effet, est une marchandise dont la valeur se détermine, de même que la valeur de toute espèce de marchandise, par la loi de l'offre et de la demande. Quand on prête un capital, on loue, on afferme un instrument de production à quelqu'un qui veut produire, comme on afferme une terre labourable. Or, de même que le taux du fermage se fixe d'après la loi de l'offre et de la demande, de même il faut laisser le taux de l'argent se fixer d'après ces considérations. Celui qui, en prêtant, court un risque plus fort, doit se faire payer ce risque. En outre, prêter, c'est s'associer. Celui qui prête de l'argent à un fabricant s'associe à la production ; mais au lieu de laisser sa part se déterminer par une quote-part de bénéfices, il fixe cette quote-part à forfait. Là encore, il y a une cause dont il faut tenir compte; plus le service sera considérable, plus la part de bénéfices légitimes devra être importante.

Objections. — On peut toujours se passer de vendre et à peu près toujours d'acheter quelque chose. Au contraire, celui qui a besoin d'argent en a toujours un besoin absolu, il n'est pas vraiment libre ; il est à la merci de celui qui en a. — Il n'est pas démontré que le besoin d'argent prenne les proportions d'une aussi absolue nécessité. La vérité, c'est que celui qui veut acheter quelque chose n'est pas exploité, car il obtient la chose au cours moyen. Quand il s'agit d'emprunter de l'argent, il n'en est pas autrement : si l'emprunteur est exploité, cela tient précisément à la limitation du taux de l'intérêt, qui supprime la concurrence en matière de crédit. En réalité, la limitation du taux de l'intérêt a pour effet d'empêcher les honnêtes gens de prêter, car ils ne pourraient le faire qu'à un taux élevé, puisque ceux qui ont des garanties à offrir ne manqueront pas d'argent. Donc, l'argent possédé par un honnête homme se retire et cela crée un monopole à l'usurier. La loi de 1807 n'empêche pas les usuriers. Ainsi: 1° la chose donnée en gage est vendue à réméré, et la faculté de rachat n'est concédée que sous l'obligation de restituer le triple: 2° l'emprunteur s'engage à restituer le double ou le triple de la somme prêtée en déclarant qu'il l'a reçue ; le prêteur se fait indemniser du risque que les lois de 1807 et de 1850, qui prohibent l'usure, lui font courir en prêtant au-dessus du taux légal.

La liberté de l'intérêt amènerait une diminution du taux de l'argent, car l'offre en augmentant ferait baisser la valeur de la chose.

Solution. — On pourrait faire une expérience et proclamer la liberté, mais d'une façon partielle, par ex. en matière commerciale, comme l'a fait récemment la Chambre des députés. — Mais si la question de la liberté du taux présente de l'intérêt, c'est avant tout pour les prêts à faire aux classes rurales. Cette distinction prive de la liberté du taux de l'intérêt l'agriculture, car le prêt fait à un agriculteur n'est pas un prêt commercial ; il est soumis à la loi de 1807. Or, c'est précisément l'agriculture qui a besoin de cette liberté ; les banques ne pénètrent guère dans les campagnes ; le petit agriculteur est livré aux prêts faits par les particuliers, et la limitation du taux empêche de compenser les risques

Il faudrait donc proclamer la liberté du taux de l'intérêt en toute matière et prendre des précautions, au début.

Précautions prises pour obvier aux abus. — En Autriche, la loi du 14 juin 1868 avait proclamé la liberté du taux de l'intérêt; quelques années plus tard, une enquête du Parlement révéla des faits graves. Une loi édicta des peines contre ceux qui abuseraient de la faiblesse de l'emprunteur pour stipuler un intérêt excessif.

En Allemagne, la liberté existe depuis 1871. On a demandé la suppression de la liberté; mais une loi du 24 mai 1880 s'est contentée de modifier certains articles du Code pénal, de manière à reconstituer un délit d'usure contre ceux qui abuseraient de la faiblesse d'esprit ou de l'inexpérience des emprunteurs; le délit d'usure est commis dès qu'on a abusé de la situation de l'emprunteur pour obtenir un taux excessif.

Y a-t-il là un bon système économique? Non. Il est difficile d'admettre, d'une part, que le taux de l'intérêt est libre; et, d'autre part, que si l'on prête à un certain taux, on pourra être puni. En outre, le délit d'usure défini par les lois allemande et autrichienne paraît bien peu déterminé. Avec un texte aussi vague, le juge peut condamner qui il voudra.

Au Mexique, un décret du 18 décembre 1875 a créé une Banque de crédit hypothécaire et de dépôt; elle peut prêter à 8 0/0.

Au Brésil, une loi du 6 novembre 1875 facilite la formation d'une Banque de crédit foncier. Elle doit s'engager à prêter aux possesseurs de la propriété rurale, à 5 0/0 pour les prêts de longue durée, et à 7 0/0 pour les prêts de courte durée: en outre, elle doit réserver le cinquième de son capital pour ces derniers prêts. On pourrait emprunter à ce pays l'idée d'une banque qui porterait le crédit dans les campagnes pour en chasser l'usurier. Malheureusement, le monopole d'émission du billet de banque fait que les banques qui s'établiraient dans les campagnes ne pourraient profiter de cet instrument et émettre des billets, lesquels sont le monopole de la Banque de France.

C'est le cas de regretter le régime des *banques départementales*. En Écosse, les banques ont le droit d'émission du billet de banque et jouent le rôle de banquiers des paysans. L'État intervient en outre dans un but de direction du mouvement économique et d'encouragement.

SYSTÈME D'ORGANISATION DES BANQUES QUI ÉMETTENT LE BILLET DE BANQUE

Système de la Banque d'Angleterre. — Pendant longtemps elle n'a pas eu de monopole, mais une prépondérance incontestable résultant de son union avec l'État, par les services que ses immenses capitaux permettaient de lui rendre.

En 1844 et 1845, deux bills créèrent un monopole au profit de la Banque d'Angleterre: elle eut le droit d'émettre le billet de banque, mais seulement pour 14 millions de livres sterlings qui sont représentés dans ses caisses par 11 millions en fonds publics, et le reste par son portefeuille. En outre, elle peut émettre des billets indéfiniment, pourvu qu'aux billets qu'elle émet corresponde dans ses caisses une valeur équivalente. Elle est aussi autorisée à installer des comptoirs dans les divers comtés, sans que cela touche à son droit.

A dater de cette époque, aucune banque privée nouvelle ne peut être créée avec le droit d'émission. Quant à celles qui existent, elles ne peuvent plus émettre de billets que dans la mesure exacte de la moyenne de l'émission de chacune d'elles pendant l'année 1844. Ainsi, si une banque en 1844 a émis très peu de billets, elle ne peut pas en émettre un plus grand nombre, abstraction faite du droit qu'elle a d'émettre une valeur de billets représentée par la valeur en caisse dans la banque.

Cela crée un véritable monopole pour la Banque d'Angleterre. Les banques privées sont très gênées, et peu à peu elles disparaissent.

On peut rattacher à cela ce qui se passe en Allemagne, en Italie, en Belgique et aussi en Russie et en Suède. Notons toutefois que la Banque d'Angleterre est une véritable banque d'État, fondée par l'État, alimentée par l'impôt et dirigée par les fonctionnaires de l'État.

Système des Banques d'Écosse avant 1845. — La Banque d'Écosse fut fondée en 1695, et munie, à cette époque, du monopole des opérations de banque, mais seulement pour vingt ans. Ce monopole n'ayant pas été renouvelé se fondèrent d'autres banques qui émirent librement le billet de banque: liberté absolue fut reconnue de fonder une banque d'émission, et pour chaque banque, d'émettre le billet à son gré. L'acte de 1845 leur défendit d'émettre, en dehors de leur encaisse, plus de billets qu'elles n'en avaient émis en 1844.

A ce type on peut rattacher ce qui se passe en Amérique, avec certaines restrictions, toutefois.

Système français. — La Banque de France jouit d'un monopole exclusif et de la liberté absolue d'émettre des billets. C'est elle-même qui fixe l'étendue de son émission.

En Angleterre, le droit d'émettre des billets est limité. Cependant si les banques ont du métal en caisse, elles peuvent le retirer de la circulation et émettre du papier à la place. Ce système de limitation d'émission est dangereux: trois ans après 1845, la Banque d'Angleterre faillit sauter, par suite du retrait de la monnaie dans les caisses de chemins de fer, et d'une disette qui obligea à faire venir du blé de l'étranger.

Le système de limitation d'émission des billets de banque a encore cet inconvénient de restreindre la puissance des banques et de paralyser leur crédit. Ainsi, en 1844, les banques d'Écosse émettaient des billets dans la proportion de sept contre un relativement à leur encaisse: elles avaient en Écosse une très forte circulation de leurs billets, et ne conservant que ce qu'il leur fallait en caisse, se servaient du supplément de la monnaie pour d'autres opérations. L'acte de 1845 leur enlève la liberté. En quelques années, pour un en caisse on n'émet plus que deux en billets.

Objection. — Il faut se méfier de l'imprudence des banques. — Dans le système d'une banque unique, il n'y a rien à craindre, c'est une institution colossale, très bien gouvernée et très surveillée; mais même pour les banques libres, le danger n'est pas conjuré par la limitation de l'émission des billets. En effet, on ne les lance que dans la proportion de l'encaisse. Le danger, c'est que la banque n'use mal de son encaisse au point de ne plus pouvoir rembourser ses billets. On ne peut pas empêcher les banques privées de faire de mauvaises spéculations.

Monopole de la Banque de France. — Faut-il laisser les banques privées libres d'émettre les billets? Signalons d'abord la manière très puissante dont la Banque de France a dompté les crises de 1848 et de 1871. Elle a pu avancer à un intérêt de 2 ou 3 0/0 un milliard et demi sans que le billet de banque ait subi la moindre dépréciation. On comprendrait qu'on renonçât à la liberté des banques pour s'assurer une pareille sûreté de crédit. Ajoutons que son monopole donne l'avantage de n'émettre qu'un seul billet, lequel est même parfaitement admis à l'étranger.

Reproches. — En 1864, la Banque d'Angleterre ayant élevé son escompte, la Banque de France éleva aussi le sien. De là, une crise factice. — Mais c'est là un des inconvénients qui viennent compenser les avantages du monopole.

En face de ce tableau, il faut placer le tableau des Banques d'Écosse, établies dans les campagnes par des comptoirs recueillant jusqu'au moindre dépôt et favorisant l'agriculture par l'émission des billets. Si l'agriculture est si florissante en Écosse, c'est à ses banques qu'elle le doit.

Que conclure? Il faut laisser à la Banque de France son monopole en matière commerciale: et en matière agricole, assurer la liberté des banques. La Banque de France, en effet, a été très lente à établir des comptoirs dans les grands centres de commerce. De plus, les prêts à la campagne sont des prêts sur hypothèque et d'une certaine durée: or, la Banque de France est soumise à des oscillations de caisse énormes, elle ne peut faire que des prêts à brève échéance, et par conséquent, point de prêt rural. D'autre part, pas de banque agricole possible sans le droit d'émettre des billets de banque. Malheureusement, il est impossible de conférer aux banques agricoles le droit d'émettre des billets: la Banque de France, par la loi de 1857, est investie du monopole jusqu'en 1897: il faudrait qu'elle renonçât à ce monopole.

Monopole du Crédit foncier ou des sociétés du Crédit foncier. — Ce sont des banques qui font surtout des prêts aux propriétaires en recevant des hypothèques pour garantie du remboursement. Le crédit hypothécaire est, en général, très coûteux et très difficile à obtenir, car à l'intérêt viennent se joindre des droits d'actes considérables.

En outre, le prêt est difficile à obtenir, car celui qui emprunte pour améliorer sa terre a besoin d'un prêt à longue durée. Le prêteur hésite, attendu qu'il immobilise son capital et le rend difficile à recouvrer.

Enfin l'emprunteur, ne pouvant restituer le capital, se laisse exproprier, et le gage est d'une réalisation assez difficile.

Les sociétés de Crédit foncier reçoivent les capitaux libres, suscitent la concurrence et offrent des prêts à un intérêt moins élevé. En outre, comme elles centralisent les prêts, elles peuvent offrir à l'emprunteur des moyens très commodes de se libérer. Il se libère par amortissement annuel: chaque année, outre les intérêts, il paye une petite somme pour amortir le capital. Au moyen de ces versements annuels, il paye les intérêts et restitue une partie du capital.

Elles permettent de remettre au prêteur un titre qui va circuler et lui donner la possibilité de rentrer dans son capital.

Elles émettent des titres de gage ou *obligations foncières* garanties par l'hypothèque et qui sont au porteur ou à ordre. Cela ressemble à des émissions d'obligations d'une société; mais le possesseur de ces obligations foncières est garanti par des hypothèques existantes.

Pourquoi ce monopole du Crédit foncier? Peut-être cela vient-il de ce qu'il a été créé par l'État. Pour assurer son succès, on lui a donné un monopole: notamment une loi du 28 février 1852 modifie le droit civil au profit du Crédit foncier.

Ce monopole, qui n'était accordé que jusqu'en 1877, n'existe plus. Aujourd'hui, toute société peut se constituer en société du Crédit foncier et émettre des obligations foncières.

Influence du crédit sur la fixation des prix. — Le jeu du crédit amenant une circulation de papier qui vient se joindre à la monnaie ne doit-il pas faire hausser les prix? Nullement: les prix ne se fixent pas à raison de la quantité de monnaie existant actuellement sur le marché, mais d'après la quantité de monnaie offerte. Je fais un achat à crédit, j'offre de la monnaie que je n'ai pas: tout achat à crédit augmente l'offre de la monnaie. Le crédit, qu'il s'appuie ou non sur un effet de commerce, augmente l'offre de la monnaie et, par là même, fait varier les prix. Si l'emploi développé du billet de banque a plus d'influence que la lettre de change sur les prix, c'est qu'il facilite le crédit; mais ce n'est pas le billet de banque comme quasi-monnaie. Le crédit, quelle que soit sa forme, a de l'influence sur les prix. Quant à la circulation fiduciaire, elle n'augmente que la quantité de monnaie existante.

Influence du crédit dans les crises commerciales. — Par ex., en cas d'achat de grandes quantités de marchandises à l'étranger, tout le monde retire son crédit. L'acuité de la crise est augmentée par ce fait que le crédit se retire tout d'un coup.

En outre, il y a des crises périodiques à peu près tous les dix ans et dont voici la cause : Après une certaine période de prospérité, la consommation augmente un peu de tous les côtés; des marchandises étant plus demandées, il y a avantage à les fabriquer : la production s'étend et les producteurs usent de leurs capitaux et de leur crédit : ils achètent des matières premières par quantités énormes et à crédit. On dépasse les limites de la consommation. Du jour où la consommation ne suffit plus, il y a une crise : des pertes sont subies par les producteurs imprudents.

Une crise de ce genre se comprendrait très bien, abstraction faite de tout crédit : mais le mouvement serait limité à certaines marchandises, car si on augmente beaucoup les achats d'une matière première, on achètera moins d'une autre. Avec le crédit, cette limite n'existe plus ; le mouvement d'excès de la production sur la consommation se produit.

CHAPITRE III. — RÉPARTITION DES RICHESSES

La répartition est l'ensemble des règles d'après lesquelles les richesses produites entrent dans tel patrimoine.

Primus voulant se livrer à la production de telle marchandise va : 1° emprunter un capital; 2° louer du travail, c.-à-d., proposer à des ouvriers de travailler pour lui; 3° acheter les matières premières et les instruments nécessaires à la production. Il passera pour cela trois catégories de contrats : 1° Un contrat de *prêt*, pour se procurer un capital : 2° un contrat de *louage*, pour se procurer le travail des ouvriers; 3° un contrat d'*achat et vente* pour se procurer les matériaux. Au capitaliste, il donnera un *intérêt* annuel ; à l'ouvrier, un salaire : à ceux qui vendent des matériaux, outils et matières premières, il donnera le prix d'iceux. L'intérêt au capitaliste, le salaire à l'ouvrier, le profit à l'entrepreneur, voilà les phénomènes de la répartition. Dans ces divers cas, il y a une source de richesses qui entre dans un patrimoine sans qu'aucune richesse sorte de ce patrimoine. Le capitaliste a donné pour son intérêt le travail d'épargne; l'intérêt est produit, en effet, non par le capital, mais par l'épargne du capital. L'ouvrier ne donne pas une richesse en échange du salaire. L'entrepreneur ne donne pas une richesse, mais son travail de direction. Il y a donc entrée, dans un patrimoine, d'une richesse sans qu'une richesse soit donnée en échange.

Au contraire, le vendeur de matière première, sans doute il reçoit quelque chose, mais en échange il a donné une richesse existant déjà dans son patrimoine; il a livré la matière première. C'est un phénomène non de *répartition* mais de *circulation* : il y a changement de forme d'un capital déjà possédé.

Lors de la production, la richesse produite se répartit entre les capitaliste, l'ouvrier et l'entrepreneur : capital, travail et direction, voilà les trois coopérations de la production.

Il semblerait, qu'entre eux, le bénéfice dût se partager au prorata de l'utilité procurée par chacune des trois catégories de personnes. Il n'en est rien. En général, entre l'entrepreneur, l'ouvrier et le capitaliste, il n'y a pas association : c'est un contrat de prêt qui intervient avec le capitaliste et de louage avec l'ouvrier. Le capitaliste fixe le bénéfice à une somme déterminée à l'avance : de même l'ouvrier, son salaire. Cela prouve que les trois parties en jeu ont préféré recourir à un contrat plutôt qu'à un autre. Au lieu de faire un contrat d'association, elles ont recouru au prêt et au louage. Il n'y a pas là une distinction si grave, car, au fond, le prêt d'argent est une espèce d'association, sauf que la part du capitaliste dans les bénéfices est fixée à forfait. De même pour l'ouvrier, c'est un associé; seulement il a fixé à l'avance sa part dans les bénéfices espérés. Si on assimile au capitaliste l'ouvrier, qui est payé non après la vente du produit, mais à l'aide du capital emprunté, c'est que, en réalité, ce n'est là pour l'ouvrier qu'un mode de payement plus commode : on lui en fait l'avance, mais il est payé d'après le produit de la vente de l'objet fabriqué.

THÉORIE DES SALAIRES. — Dans le régime actuel, qui a pour base la liberté du travail et la propriété individuelle, le contrat de louage par lequel l'ouvrier se lie à un patron doit être formé librement. C'est ainsi, par ex., que les salaires peuvent revêtir diverses formes.

1° Tantôt ils seront fournis à l'ouvrier, en argent; tantôt en nature. L'intérêt de la distinction, c'est que, l'ouvrier qui reçoit un salaire en nature est moins exposé à se tromper sur la valeur réelle que ce salaire a pour lui, pourvu toutefois qu'il soit suffisant pour satisfaire à ses besoins.

Le salaire en argent peut tromper ; il faut que l'ouvrier fasse l'estimation de ce que l'argent peut lui procurer de richesses. Il est possible qu'un salaire qui, nominativement est assez considérable, soit relativement faible. Ainsi, l'ouvrier reçoit un *salaire nominal* élevé; mais si les matières premières coûtent cher, le *salaire réel* est très faible. L'économiste doit donc se préoccuper, non du salaire nominal, mais du salaire réel.

Aujourd'hui, le salaire en argent se substitue de plus en plus au salaire en nature, sauf à la campagne.

Le salaire peut encore être fixé *au temps* ou *à la tâche* ou *à la pièce ;* c'est une question de convention. Chaque système a ses avantages et ses inconvénients. Ainsi, le travail rémunéré *au temps* n'encourage pas l'ouvrier à un grand labeur ; au contraire, le travail *à la tâche* peut l'exciter à un travail excessif. — Le travail *au temps* laisse moins d'indépendance à l'ouvrier : mais le travail *à la tâche* amène un travail hâtif, de là, médiocre. S'il donne plus d'indépendance à l'ouvrier, il le soumet aux risques des pertes de temps, des besognes manquées. En général, les ouvriers sont peu favorables au travail à la tâche. Dans les grandes manufactures, le travail à la tâche n'est guère possible ; l'industriel ne peut pas s'exposer aux risques du retard et à un travail qu'il ne surveille pas.

Comment se fixe le montant des salaires. — Le travail de l'ouvrier est un service qui s'échange contre la richesse. Il y a là une analogie indirecte avec ce qui se passe quand deux marchandises sont échangées : les services de l'homme ont une puissance d'échange aussi bien que la richesse. L'entrepreneur a de la monnaie et cherche du travail: l'ouvrier en fournit en échange de la monnaie. Il y a lieu à l'application des mêmes règles que pour la fixation des richesses, à savoir : la *loi de l'offre et de la demande*, et le *coût de production*, sauf certaines particularités tenant à ce que le travail de l'ouvrier est incorporé à l'homme : c'est l'homme lui-même. Cette chose assimilable à une marchandise, c'est une espèce de marchandise qui pense.

A. L'OFFRE ET LA DEMANDE. — La valeur courante du travail, le taux courant du salaire sera fixé par les rapports de l'*offre du travail* et de la *demande du travail*.

L'*offre du travail* est constituée par l'ensemble de la population laborieuse, qui désire louer son travail. Il faut constater que la population qui, à tout instant, offre son travail, c'est la masse des ouvriers avec ou sans travail. C'est une différence avec ce qui se passe en fait de marchandises, car l'ouvrier, en général, ne loue son travail que au jour le jour; il faut donc constamment profiter des demandes de travail.

La demande du travail est formée par l'ensemble des demandes des divers patrons qui ont besoin de louer le travail pour leur fabrication.

On a cherché à déterminer ce qui pourrait bien influencer les augmentations ou les diminutions de demandes. Les uns ont dit : le plus ou moins de demande est fixé par le plus ou le moins de capital, c'est-à-dire par le rapport de la population au capital. Observons d'abord que le mot capital n'est pas exact. Prenez un industriel, nécessairement dans le capital qu'il destine à la production, il y aura une part destinée à l'achat des matières et une autre qu'il destine aux salaires. Il faudrait dire : le taux du salaire se détermine d'après la quantité de population qui demande le salaire et le capital destiné au payement du salaire.

Le taux courant du salaire sera déterminé par le rapport de l'offre faite par la population laborieuse avec les plus ou moins grandes productions. Mais la production elle-même ne peut s'étendre que dans les limites fixées par le fond des salaires disponibles.

En résumé, le montant des salaires est fixé par le rapport de la population laborieuse avec l'étendue de la production ; et celle-ci est délimitée par le plus ou moins grand nombre de capitaux.

La population restant stationnaire, si les capitaux et la production augmentent, le salaire est augmenté.

Alors même que la population laborieuse augmenterait, si en même temps les capitaux et la population augmentent, on aura encore une augmentation de salaire. C'est ainsi que l'emploi des machines n'est pas funeste à la production, car il augmente les capitaux et la production.

B. LE COÛT DE PRODUCTION. — C'est la quantité de salaire que l'ouvrier juge nécessaire pour vivre, avoir une famille et avoir un nombre moyen d'enfants. Le coût de production doit avoir la même influence que pour une marchandise quelconque. Supposons que, ceci étant, le salaire s'abaisse, l'ouvrier diminuera les proportions de sa famille, il aura moins d'enfants. A la génération suivante le taux des salaires remontera ; il y aura moins de demandes. Si la baisse du salaire va encore plus loin, non seulement l'ouvrier n'aura plus d'enfants, mais encore l'influence du coût de production fera remonter le travail. Il y a un salaire normal qui se détermine par le coût de production ; il est très variable et dépend des habitudes de la classe ouvrière.

D'après Ricardo, au contraire, la valeur normale du travail serait le salaire irréductible ou salaire nécessaire : ce serait le salaire indispensable à la vie de l'ouvrier ; et il ajoute que le salaire tend constamment à revenir à cette limite, cela, en conséquence de la loi de Malthus. D'après ce dernier, l'homme tend à se reproduire sans limite. La population laborieuse tendrait à s'accroître aussi sans limite, et la progression des richesses ne pourrait pas suivre cette rapidité ; il y aurait baisse de salaire et retour à la théorie irréductible. — Cela n'est pas admissible. Il n'est pas prouvé que, dans toute société, il y ait une tendance à la reproduction exagérée. D'ailleurs, l'enquête de 1872, *sur le travail*, a révélé que, en même temps que la population augmentait, la demande de travail augmentait aussi.

Exceptions au principe qui détermine le taux courant du salaire d'après la loi de l'offre et de la demande. — Ces exceptions dérivent des causes suivantes :

3° *Diversité même des professions.* — Il y a des professions dans lesquelles, les conditions faites au travail étant plus difficiles à faire accepter, on doit offrir un salaire plus élevé. Ainsi, il y a des professions qui exigent un apprentissage plus ou moins long, ou qui exposent l'homme à des fatigues ou à des dangers. L'offre et la demande n'ont plus ici cette unité parfaite qui peut exister à propos des marchandises.

2° *Genres divers de production.* — Il y a des genres de production qui, à un moment donné, peuvent beaucoup offrir au travail. Si on pouvait passer d'une profession à une autre, il y aurait un nivellement. Il y a là des barrières qui viennent encore amener des inégalités dans le taux des salaires.

3° *Défaut d'unité des salaires.* — Même dans une profession déterminée, il n'y a pas toujours unité de salaire ; d'abord, à raison des aptitudes de chacun ; ensuite, parce que le travail d'un individu ne représente pas toujours la même somme d'utilité.

4° *Difficulté pour l'ouvrier de se déplacer.* — Si les marchandises voyagent toujours à volonté, l'ouvrier, au contraire, refusera souvent de se déplacer pour aller trouver ailleurs un travail plus élevé, à ce point que souvent, à quelques lieues de distance, le taux des salaires est différent.

En outre, deux causes faussent absolument l'application de l'offre et de la demande. Ce sont :

a. *La coutume.* — Généralement ce n'est pas par la loi de l'offre et de la demande que se fixe le taux du salaire, c'est par la coutume : il y a un taux des salaires constant.

Mais là où la coutume produit un mauvais effet, c'est en ce qui concerne le travail des femmes. A égalité de travail utile, la femme reçoit un salaire moindre ; c'est une coutume établie de payer la femme moins que l'homme. Aujourd'hui que le travail de la femme a trouvé de vastes débouchés, on ne peut expliquer que par une sorte de coutume cette différence bizarre entre le travail de la femme et le travail de l'homme.

b. *L'infériorité qui existe aux dépens de l'ouvrier vis-à-vis du patron.* — Dans ce débat qui s'agite, il n'y a pas égalité de situation entre l'ouvrier et le patron. Cela tient : 1° à ce que l'ouvrier ne peut pas attendre un temps suffisant, il est pressé par le besoin ; 2° à ce qu'il ignore exactement quelles sont les conditions auxquelles il aurait droit. C'est la conséquence des causes sus-indiquées, qui enlèvent au travail toute unité. L'ouvrier ne peut pas connaître le taux moyen du salaire courant ; et comme il n'existe rien dans le genre des Bourses venant centraliser les offres il lui est impossible de connaître le taux du salaire moyen. Il traite à l'aveugle.

Parmi toutes ces causes qui viennent fausser l'application de l'offre et de la demande, il y en a qui sont parfaitement naturelles. Qui peut se plaindre, par ex., que le travail qui a exigé un long apprentissage rapporte plus !

Mais il est des causes dont il faut regretter l'effet ; par ex. l'absence d'un marché qui centralise les offres et la demande. C'est de là que sort le *droit à la grève*, mise en exercice de la loi de l'offre et de la demande ; les *Unions ouvrières* en Angleterre, pour centraliser les offres ; et l'*Internationale*. Ce n'était pas autre chose, au début, qu'une vaste association ouvrière ayant pour but de généraliser la grève.

Du salaire normal. — Il consiste dans ce que l'ouvrier juge indispensable pour vivre. C'est une question d'appréciation qui variera avec les mœurs. Les progrès de la civilisation ont pour effet d'augmenter les besoins de l'ouvrier; c'est la conséquence inverse de ce qui se produit sur les marchandises.

L'action du coût de production sera très lente, au moins quand la baisse du salaire n'aura pas atteint l'ouvrier dans sa vie. De là, si une génération est imprudente, laisse une baisse sérieuse des salaires se produire, il y a lieu à un abaissement des salaires qui dure très longtemps. Enfin, arrivera un moment où, de chute en chute, la loi du coût de production ne produira plus d'effet : c'est quand la baisse des salaires sera telle que, dans la population ouvrière, les enfants pulluleront en nombre indéfini. De là le *paupérisme*, qui affecte la population agricole de l'Angleterre.

CHAPITRE IV. — CONSOMMATION DES RICHESSES

La consommation est à la fois le but et le moyen de la production; elle est la destruction de l'utilité de la chose. De même que dans la production l'homme ne crée pas les choses, il ne fait que les transformer; de même, l'homme ne détruit rien, il détruit seulement la forme qu'il a donnée aux choses.

Si l'homme donnait constamment à la consommation un emploi, un but qui correspondît exactement avec cette autre idée, que la consommation peut être un moyen de production, nous aurions uniquement des *consommations reproductives*. Il faudrait pour cela que l'homme s'abstînt de toute consommation de jouissance proprement dite; qu'il ne consommât que des capitaux nécessaires à toute espèce de production et qu'il n'y eût jamais aucune déperdition de richesses. Mais l'homme ne consomme pas uniquement dans le but de produire de nouvelles richesses. De là, les classifications suivantes :

A. Consommations reproductives. — Ce sont celles qui n'ont pas d'autre objet que d'amener des richesses nouvelles. Ainsi, la farine pour devenir pain doit d'abord être consommée. Après sa transformation, il n'y a plus l'objet farine, il y a autre chose.

B. Consommations improductives. — Ce sont celles qui n'ont pas pour objet de produire de nouvelles richesses. Telles sont les consommations de jouissance, la guerre, les incendies, les inondations. On les appelle aussi consommations destructives.

C. Consommations proprement dites. — Ce sont celles qui ont pour objet la satisfaction de besoins personnels, par ex. quand nous mangeons, etc.

D. Consommations d'utilité. — Ce sont celles qui ont pour objet la satisfaction des besoins d'industrie, besoins de prévoyance; par ex. le besoin que, dans l'industrie du fer, on a d'avoir du minerai.

E. Consommations objectives. — Ce sont celles dans lesquelles les choses perdent leur utilité parce qu'elles disparaissent. Par ex. j'ai un pain, je le mange.

F. Consommations subjectives. — Ce sont celles qui se produisent par la disparition non de la chose elle-même, mais du besoin qu'elle était appelée à satisfaire. C'est ainsi que la filature mécanique a détrôné la quenouille et le rouet; de même, par la découverte d'une machine nouvelle, les anciennes machines sont en partie consommées, car on ne s'en servira plus.

RAPPORTS ENTRE LA CONSOMMATION ET LA PRODUCTION. — 1° *La consommation est indispensable à la production.* — Au début, la production n'a pas commencé par une consommation; mais aujourd'hui toute production n'est qu'un ensemble de consommations successives, si bien qu'on a pu dire que le coût de production n'est pas autre chose que l'ensemble des consommations. Toutefois, cette formule n'est exacte que si on envisage la question au point de vue de l'intérêt général de la société; elle ne l'est plus si on l'applique au producteur. Pour lui, les frais de production sont l'ensemble des dépenses qu'il a dû faire pour obtenir l'objet. Le fabricant ne paye pas seulement à l'ouvrier les dépenses d'entretien indispensables; l'ouvrier peut, sur son salaire, faire des économies.

2° *La consommation dirige la production.* — Si telle société se livre plus particulièrement à la production de tels objets, c'est que ces produits sont demandés; la demande des produits réagit sur l'industrie et la dirige. Le premier intérêt de celui qui fabrique est de se mettre en mesure de renouveler son capital circulant; et, par conséquent, de transformer par l'échange le produit obtenu. Dans ces conditions, celui qui fabrique doit tenir compte des enseignements que lui donne la consommation. Il n'est pas vrai de dire, comme on le répète souvent, que la demande du produit crée le travail. La consommation dirige l'industrie, mais ne fait pas que l'on produise; elle amène l'industrie à reproduire certains objets déterminés.

La consommation a donc une influence considérable sur la production; car si on fait trop de consommations improductives, la production deviendra difficile. Si, d'autre part la consommation, dirige l'industrie vers les productions de luxe, à mesure que la production des objets de luxe s'étendra, la production des objets de nécessité première diminuera; elle peut être responsable du manque de bras pour les productions des objets de nécessité; il y aura un développement exagéré des industries de luxe.

Du luxe. — Beaucoup d'économistes reprochent à la société d'avoir laissé se développer les consommations improductives. D'après eux, le premier devoir de la société, c'est d'augmenter sa puissance productive: donc, toute richesse consommée improductivement amoindrit d'autant la force productive. Cependant la consommation improductive peut avoir d'excellents effets. Telle est, par ex., la découverte des savants, de ceux qui dotent la société de découvertes précieuses. Ce mouvement intellectuel n'est-il pas essentiel au développement de la production? C'est par la recherche du luxe que les fabrications élégantes et artisques peuvent progresser. Ce que l'on doit critiquer, c'est non pas le luxe, mais ce qui le vicie, c'est-à-dire la vanité, la sensualité, l'égoïsme.

Théorie de l'intérêt. — L'intérêt est la rémunération du capital engagé dans la production. Il ne faut pas prendre ici le mot capital dans le sens de monnaie : quelle que soit sa forme, il produit intérêt.

Le capital prêté doit recevoir une rémunération : 1° à cause de la privation qu'il impose au capitaliste; 2° à cause des risques qu'il court; 3° parce que le capital a une certaine productivité. Etant utile à la production, il est naturel qu'il reçoive une part des bénéfices que donne la production.

La convention doit être libre quant à la fixation du taux de l'intérêt. Cependant la loi du 3 septembre 1807 défend l'intérêt au-dessus de 5 0/0 en matière civile et 6 0/0 en matière commerciale.

Comment se fixe le taux de l'intérêt. — Le taux courant de l'intérêt dépend de *l'offre* et de la *demande*. L'offre sera fournie par les capitalistes qui offrent à la production leurs capitaux disponibles. *L'offre* est ici beaucoup plus variable que pour le travail, car: 1° les capitaux sont excessivement mobiles. Ainsi, des constructions exagérées de lignes ferrées transportent au loin le capital mobilier; 2° les emprunts étrangers peuvent enlever sur les places françaises des capitaux disponibles, ce qui élèvera le taux de l'intérêt: 3° quand l'Etat entreprend de grands travaux, c'est autant de capital qu'il enlève à l'industrie. — *La demande* se formera par l'ensemble des propositions de ceux qui, à un moment donnée, ont besoin de capitaux et peuvent les employer utilement.

Variabilité du taux de l'intérêt. — Malgré cette mobilité des capitaux, il ne faut pas croire qu'ils produisent toujours des intérêts identiques. Cela tient aux causes suivantes :

1° Le plus ou moins de productivité du capital. Dans tel emploi, il y a des industries qui, rapportant plus que d'autres, peuvent offrir aux capitaux une rémunération plus forte.

2° Toutes les industries n'exposent pas le capital aux mêmes risques; de même, les emprunteurs sont plus ou moins solvables.

3° La différence de durée des divers prêts. Comme l'indisponibilité des capitaux est une cause de rémunération, plus le prêt est consenti pour une longue durée, plus la rémunération doit être élevée.

Le capital étant très mobile, il y a une tendance constante au nivellement du taux de l'intérêt, ce qui supprime très rapidement les différences de taux qui proviennent du plus ou moins de productivité. Par ex., si une industrie peut offrir plus d'intérêt, l'offre augmentant vers cette industrie, le taux baissera et l'industrie se développera jusqu'au moment où, ayant multiplié l'offre, elle ne retire plus le même produit. Au contraire, pour les autres causes tenant aux différences de risques et de durée du placement, cet effet subsiste malgré la tendance des capitaux à niveler le taux de l'intérêt. C'est ce qui explique, par ex., qu'il y ait un taux plus élevé pour les capitaux de placement que pour les capitaux de payement, c.-à-d., fournis par l'escompte. Les capitaux de placement sont plus chers à obtenir que ceux de payement, car, pour ces derniers, le prêt est de très courte durée.

Pour qu'il en soit autrement, il faut qu'une crise monétaire rende la monnaie rare sur le marché; alors, le taux de l'escompte s'élève, mais les capitaux de placement ne subissent que dans une faible mesure les conséquences de la crise.

Théorie des profits. — Le profit est, avec le travail et le capital, le troisième élément du produit fabriqué. C'est la rémunération de l'entrepreneur. En effet: 1° Il coopère à la fabrication du produit ; et assume les risques de l'opération: 2° il doit déployer une certaine habileté pour fabriquer le produit c'est cette habileté qui est rémunérée par une partie du profit.

Souvent, en fait, ce n'est pas une personne proprement dite qui est entrepreneur, c'est le capital lui-même sous   rme de société anonyme qui, prêté par des tiers, court les risques de l'opération. En pareil cas, l'entrepreneur n'est plus un véritable entrepreneur. Cependant, en échange de son travail on lui donne une rémunération qui varie avec les bénéfices, on l'intéresse au succès de l'entreprise.

Dans tous les cas, dans la répartition de la valeur du produit, une partie est réservée au capital, une partie au travail, et une partie à celui qui court les risques et a la charge de l'entreprise.

Détermination du profit. — Le profit est l'excès de production, comparativement à ce qui est nécessaire pour rémunérer le capital et le travail; c'est la différence de productivité du travail et du capital et ce qui est nécessaire pour les rémunérer. Cette formule reste la vraie si, au lieu de se placer au point de vue de telle affaire, on se place à un point de vue général. Mais, à un point de vue spécial, il faut tenir compte des variations provenant de l'échange.

FIXATION DU TAUX DU PROFIT. — Distinguer le taux courant et le taux normal. — Le *taux courant* est déterminé par la loi de l'offre et de la demande. Le *taux normal* représente la quantité de rémunération voulue pour décider quelqu'un à courir les risques de l'entreprise; il est très variable. Cependant il sera la limite vers laquelle constamment tendra à revenir le taux courant. C'est ainsi que si, à un moment donné, tel emploi donne de gros profits, on voit immédiatement les entrepreneurs diriger de ce côté leur activité: alors, le produit étant fourni en grande quantité, son profit baissera et rejoindra les environs du taux courant.

Causes des variations du taux normal des profits. — Pas plus ici qu'en matière de capital, il n'y a pas de nivellement possible du taux des profits. Les causes de ces variations sont : 1° le plus ou moins de risque à courir; 2° l'habileté nécessaire à la direction de telle entreprise; 3° les inconvénients inhérents à certaines industries; 4° le plus ou moins de débouchés pour l'écoulement du produit; 5° le coût de production. Le coût de production est l'élément qui fixe la valeur normale en ajoutant un profit pour l'entrepreneur. Envisagé au regard de chaque entrepreneur, le profit résulte de la différence qui existe entre le prix auquel il vendra la chose et la dépense qu'il a dû faire. Nous y faisons rentrer : 1° le prix des matières premières, des outils, de l'entretien du capital circulant; 2° les salaires payés au taux moyen; 3° les sommes payées à titre d'intérêt du capital. Nous en éliminerons la rente qui sert à fixer le taux normal des produits agricoles, car il y a des terres qui ne produisent pas de rente. Ces terres sont celles qui ont les moindres qualités productives, où le produit est obtenu le plus chèrement; ce sont elles dont le coût de production fixera la valeur normale des produits agricoles.

DU SOCIALISME

On peut grouper sous cette rubrique les principaux systèmes d'organisation artificielle de la société : le *saint-simonisme,* le *paupérisme,* le *collectivisme,* le *mutuisme,* etc... Il ne faut pas croire, d'ailleurs, que le socialisme puisse être pris pour l'équivalent de la liberté. Au contraire, il est, par essence, contraire à la liberté. Il a la prétention d'enrégimenter la société et de substituer la liberté collective à toute initiative individuelle.

Du socialisme proprement dit. — Le socialisme est très ancien. Il existait déjà du temps de Platon qui disait dans son *Traité de la République* : « Je vous déclare, en ma qualité de législateur, que je ne vous regarde ni vous ni vos biens comme étant à vous-mêmes, mais comme appartenant à toute votre famille, et toute votre famille avec ses biens comme appartenant encore plus à l'État.» Dans les temps modernes, dès 1516, Thomas Morus, chancelier d'Angleterre, auteur de l'*Utopie,* et Campanella, auteur de la *Cité du soleil,* critiquaient l'ordre social moderne. Mais il faut arriver jusqu'au XVIIIe siècle pour voir le socialisme prendre un corps de doctrine. Jean-Jacques Rousseau, dans son *Discours sur l'inégalité des conditions,* dans son *Emile* et dans sa *Lettre au roi de Pologne,* déclare que le droit de propriété est soumis à la volonté générale; que cette volonté peut l'anéantir, et que ce droit ne s'étend pas au delà de la vie du propriétaire. L'écho de ces doctrines se retrouve dans la Constitution de 1791, dans les théories de Mirabeau et de Robespierre. Toutefois, ce n'est qu'à l'époque du Directoire qu'on voit le socialisme s'organiser en système. Ses plus célèbres adeptes sont :

Babœuf (1764-1797). — Ancien secrétaire général de l'administration des subsistances, Babœuf, en 1795, se pose comme une sorte de messie de l'égalité sociale et le réalisateur d'une République fondée sur la communauté de biens. Avec quelques disciples, il organise une conspiration contre le Directoire, est condamné à mort et se poignarde devant ses juges. Son système consiste dans un communisme égalitaire avec la société propriétaire des biens.

Robert-Owen. — Philanthrope anglais, d'une grande intelligence et d'un grand cœur. Publie en 1812 ses *Nouvelles vues sur la société,* dont la base est le principe de la communauté de biens et l'abolition de la propriété individuelle. Chargé de diriger une fabrique nouvelle, une filature, il obtient en peu de temps des succès prodigieux, moralise 2,000 ouvriers, et excite une admiration générale. De là, il part en Amérique, fonde plusieurs colonies pour y appliquer ses idées; mais il essuie un échec complet. « Owen conçoit une société sans lien, sans croyances, sans devoirs et sans droits: point de religion, point de mariage, point de famille, point de propriété: ni mérite ni démérite. On a tort de récompenser et tort de punir, car tout être subit la loi de la nature et des événements. »

Saint-Simon. — Né à Paris en 1760 et mort en 1825, son système consiste à substituer le travail sociétaire au travail salarié. Dans son *Nouveau christianisme* publié en 1824, il rêve l'abolition de tous les privilèges de naissance et la destruction de l'héritage. Il voudrait une société reposant sur un régime parlementaire, comprenant: 1º une chambre d'invention, afin de découvrir les travaux qu'il serait utile de faire dans l'intérêt de tous; 2º une chambre d'examen, pour voter les projets conçus par la première chambre: 3º une chambre d'exécution, chargée de la direction des travaux. Après sa mort, sa doctrine humanitaire et mystique prend, avec ses successeurs, le caractère d'une doctrine d'organisation industrielle greffée sur l'idée d'une doctrine religieuse. Elle reproche au christianisme actuel de ne faire aucune place au monde matériel, et réclame une religion nouvelle faisant à la chair une place aussi complète qu'à l'esprit. Elle demande au christianisme de revenir la religion de l'industrie. De là, le prêtre social, chargé de la direction générale; le prêtre de la science ou du dogme, et le prêtre du culte. — Au point de vue de l'organisation industrielle, la conception n'est pas moins irréalisable: le devoir de chacun est de se livrer à l'industrie. Dans les ateliers sociaux chaque affilié doit travailler d'après la vocation que lui auraient reconnue les prêtres saint-simoniens. Tout cela revient à un communisme inégalitaire; c'est la mise en pratique de la maxime: exiger de chacun selon sa capacité et donner à chacun selon ses œuvres. La constitution définitive de la doctrine de Saint-Simon n'eut lieu qu'après sa mort sous ses successeurs Enfantin, Bayard, Rodrigues. Mais ils ne tardèrent pas à se diviser et à disparaître.

Fourier. — Né à Besançon en 1772 et mort à Paris en 1837. Il imagine une nouvelle théorie sociale sur les bases suivantes: l'homme est né pour le bonheur, et s'il est malheureux, c'est par la faute de la société. Le bonheur consiste dans la satisfaction de nos passions ou attractions diverses. Ces attractions ou passions sont au nombre de douze, dont trois se réfèrent au travail en commun: la cabalistique, la papillonne et la composite. La cabalistique, c'est l'esprit de rivalité et d'intrigue. La papillonne, c'est le besoin de varier. La composite, c'est une passion qui recherche la composition des plaisirs du corps et de l'âme. De l'assemblage de ces douze passions naît l'unitéisme. Fourier fait du travail un plaisir puisé dans le désir du bien-être général. A l'isolement il substitue le travail par groupes, par phalanges. De là, le phalanstère ou habitation des personnes réunies en une coopération parfaite de talent, de capital et de travail, chacun cultivant les produits appropriés à ses goûts et au sol.

Pierre Leroux. — Disciple de Saint-Simon, il refuse de suivre la doctrine d'Enfantin et prêche la solidarité. Il nie la distinction de l'âme et du corps, la propriété individuelle. Il professe le panthéisme et la métempsycose, le communisme saint-simonien, s'incarne dans *la Triade,* organisation industrielle fondée sur la distinction en savants, artistes et industriels. Une réunion de Triades forme un atelier.

Louis Blanc. — *Système d'organisation du travail.* — Dans un livre intitulé l'*Organisation du travail,* Louis Blanc proclame le droit au travail. « Le droit au travail est celui qu'a tout homme de vivre en travaillant. La société doit, par les moyens productifs et généraux dont elle dispose et qui seront organisés ultérieurement, fournir du travail aux hommes valides qui ne peuvent s'en procurer autrement. » Le droit au travail a pour corollaire nécessaire l'organisation du travail par l'Etat. L'Etat doit se faire producteur et répartiteur des richesses entre les individus au moyen d'ateliers nationaux.

Le système de Louis Blanc a été maintes fois réfuté. On sait l'insuccès des ateliers nationaux en 1848, époque à laquelle le socialisme prend un caractère politique. Le droit au travail n'existe pas. Il ne dépend pas du gouvernement d'augmenter ou de restreindre à volonté la production. La quantité de travail à fournir est mesurée sur les capitaux disponibles et les besoins de la consommation. La production dépend, non de la volonté arbitraire de l'Etat, mais des exigences de la consommation.

Proudhon. — *Mutuellisme.* — Proudhon, né en 1809, adversaire à la fois de la propriété individuelle et des socialistes, est plutôt un polémiste que l'auteur d'un système bien défini. Adoptant comme principe la production individuelle et la liberté du contrat, il veut que le travailleur soit payé de telle façon qu'il puisse, avec son salaire, racheter son produit. Il admet bien une rémunération pour le chef d'entreprise, mais il exclut la rémunération du capitaliste : l'intérêt et le loyer. C'est le régime de l'échange avec la faculté pour l'ouvrier d'obtenir un salaire qui puisse payer la valeur du produit sorti de ses mains. Le capital ne recevant pas de rémunération, le crédit est gratuit. De là, le *mutuellisme* obtenu par la gratuité du crédit.

Pour obtenir la gratuité du crédit, il propose une banque d'Etat prêtant au taux réduit de 1/4 0/0, afin seulement de couvrir les frais d'entretien, d'usure des métaux. La Banque de France serait tranformée en une banque d'échange et prêterait sans intérêt. L'intérêt serait partout supprimé, même celui que l'Etat paye pour sa dette consolidée; les loyers, les fermages, les intérêts des dettes payés par le public seraient également supprimés. Le remboursement des dettes particulières ne pourrait être exigé que par annuités.

Ce projet de banque unitaire directrice qui centralise les opérations de crédit et prête sans intérêts n'est, au fond, qu'un rêve, car elle ne recevrait aucun dépôt pour alimenter les prêts. On voit bien l'argent sortir de cette banque ; mais on n'en voit pas entrer. Le système de Proudhon aboutirait à l'anéantissement de l'esprit d'entreprise et d'ordre ainsi qu'au nivellement des conditions vers la misère.

Lasalle. — THÉORIE DE L'ABOLITION DES RISQUES. — Célèbre agitateur, né en 1825, et mort en 1864, a fondé par ses prédications le socialisme en Allemagne. C'est lui qui, reprenant la loi de Ricardo sur la loi du salaire nécessaire, a donné le mot d'ordre : sus au salaire, brisons la loi d'airain du salaire. Dans le système actuel, le capital perçoit une rémunération sous le prétexte qu'il court des risques. Il faut supprimer les risques et pour cela mettre fin à la concurrence au moyen de l'association. L'Etat commanditant le travail, il serait facile de mesurer exactement la production d'après les besoins de la consommation. On réaliserait l'unité de production pour chaque industrie.— L'insuccès des subventions accordées aux associations ouvrières en 1848 condamne le système de Lasalle. D'autre part, c'est une erreur de croire qu'on supprime les risques industriels en supprimant la concurrence, car il resterait toujours la concurrence entre les associations locales, et le commerce international.

Karl Marx. — Collectiviste, représentant avec Lasalle le mouvement socialiste scientifique en Allemagne. Le travail a droit à tout ce qu'il produit. Dès lors, quand le capital reçoit une rémunération, il spolie le travail. Il faut remplacer le capital privé par le capital collectif : il faut arriver à la propriété collective. De là, la distinction entre les moyens de production et les moyens de consommation.

1° L'Etat seul est propriétaire des moyens de production ; il organise la production selon les besoins de la consommation.

2° Le travailleur doit recevoir une rémunération représentant la valeur moyenne du produit obtenu par le travail, le travail obtenant le produit qu'il aura créé, sauf à déduire les besoins sociaux.

3° Tous les produits appartiennent à l'État. L'ouvrier reçoit des bons de travail lui permettant d'aller chercher dans les magasins de l'État les produits dont il a besoin.

Avec ce système : plus de capital exploitant le travail : plus de monnaie : plus de commerce; plus d'impôts, l'État étant autorisé par le peuple à prendre dans les magasins sociaux ce qui est nécessaire pour les services publics.

La réalisation de cette doctrine serait comme le résultat fatal de l'évolution qui s'accomplit à notre époque.

A côté de ce mouvement socialiste scientifique allemand, il s'en est produit un autre tout de violence représenté par le Russe *Michel Bakounine*. Dans l'association internationale des travailleurs, Bakounine, faisant table rase des propriétés actuelles, supprime la propriété privée afin d'organiser la production sociétaire à la place de la production capitaliste. C'est du communisme violent dont la première application est le nihilisme.

Socialisme de la chaire. — Les socialistes de la chaire en Allemagne sont ainsi appelés, parce que leur doctrine émane de professeurs. Ils n'admettent pas l'existence de lois économiques générales ; pour eux, tout est question de fait, de moment, de situation. Leur doctrine se traduit par une tendance à accepter l'intervention de l'État. L'État, dit l'un d'eux, est et sera toujours l'institution morale la plus grandiose pour le genre huma'n. « Ils demandent qu'on abandonne complètement toute recherche des lois naturelles économiques d'application générale..... qu'on fasse de l'économie politique réaliste... ; ils rejettent l'idée d'un droit naturel dominant toutes les lois, et demandent qu'on considère la législation en v gueur comme exerçant une influence majeure sur la vie économique. »

REMÈDES CONTRE LES INÉGALITÉS SOCIALES

Les remèdes à apporter aux inconvénients résultant des inégalités sociales, tout en restant dans le principe de la propriété et de la liberté individuelles, consistent dans les grèves, les sociétés coopératives, les assurances, la participation aux bénéfices et l'assistance publique.

Remèdes dus à l'initiative de l'ouvrier. — L'ouvrier peut remédier à l'inégalité de sa situation :

PAR LA COALITION. — Il a ra des représentants qui discuteront avec les patrons et seront en même temps chargés de centraliser les renseignements, afin d'établir leur raisonnement sur des preuves. Si le patron refuse d'accéder à des conditions qui paraissent justes, l'ouvrier a encore la ressource de cesser son travail, c'est-à-dire de se mettre en grève.

Grève. — La coalition et la grève apparaissent comme les conséquences logiques de la liberté du travail. L'action collective des ouvriers est une force capable de contrebalancer les avantages du capital. Cependant, jusqu'à la loi du 25 mai 1864, le législateur considérait la coalition comme un délit/ /a longtemps craint de remettre aux mains de la population ouvrière cette force qui peut devenir une cause de désordres. En Angleterre, les peines contre la coalition ont été abolies en 1834 ; et en Allemagne, seulement en 1867. Depuis la loi de 1864, l'action des grèves a été régularisée au moyen de caisses de résistance fondées sur le type des *trade's unions* de l'Angleterre. La grève, qui est sans contredit légitime, est souvent meurtrière pour les ouvriers. Cependant elle n'est pas absolument inefficace. La chambre de commerce de Paris estime que presque toutes les grèves se sont terminées à l'avantage des ouvriers, par l'adhésion des patrons.

A la question des grèves, il faut rattacher l'*Internationale des travailleurs*, vaste union ouvrière fondée sur l'initiative de *Karl Marx*, et qui avait pour objet de donner le mot d'ordre et de généraliser les grèves dans tous les pays. Cette association n'a pas réussi. Fondée en 1862; puissante en 1867 et en 1872, elle ne tarda pas à se dissoudre, *Karl Marx* ayant essayé de la rattacher à ses idées collectivistes.

A plusieurs reprises, les unions ouvrières ont empêché les grèves en donnant une grave portée aux réclamations des ouvriers. En 1860, on eut l'idée de remettre le différend à la décision d'un Conseil d'arbitres, composé moitié de patrons, moitié d'ouvriers. Les unions ouvrières ont déterminé les ouvriers à accepter la décision de ces Conseils.

En France, il existe des Conseils de prud'hommes, mais ils ne peuvent pas être comparés aux Conseils d'arbitres ; leur rôle est de trancher un différend naissant entre un patron et un ouvrier.

ASSOCIATIONS COOPÉRATIVES. — Ces associations sont un autre moyen pour les ouvriers d'améliorer leur situation. La loi du 17 juin 1791, art. 2, en haine des maîtrises, fit défense à tous patrons ou ouvriers d'un art quelconque d'établir un lien corporatif entre eux. Aujourd'hui, comme elles ne présentent ni danger ni abus, elles sont tolérées en France. Au début, elles existaient sous la forme de sociétés de secours mutuel. Ce sont les patrons qui, les premiers, ont créé des chambres syndicales de patrons pour fournir des renseignements sur la solvabilité des clients, sur l'état du marché, etc.

De leur côté, les ouvriers ont créé aussi des chambres syndicales à Paris et dans les départements. Elles groupent plus de 30,000 ouvriers. Constituées d'abord en une sorte de coalition en vue de faciliter les grèves, elles déterminent aujourd'hui le taux normal des salaires, et, à ce titre, sont excellentes. Un projet de loi, proposé en 1880 et voté en deuxième lecture par la Chambre des députés, reconnaît leur existence d'une façon très large. Ce projet est très critiqué; on craint de voir les chambres syndicales profiter de cette liberté pour reconstituer des corporations fermées, ce qui, d'ailleurs, n'est guère à craindre. Le même projet leur reconnaît en outre le caractère de personnes morales, ce qui les rend aptes à acquérir et à devenir propriétaires.

ORIGINE DES SOCIÉTÉS COOPÉRATIVES. — C'est en Angleterre, en 1843, qu'elles prennent naissance. On connaît la société de consommation des *équitables pionniers de Rochdale*, non loin de Manchester. En 1844, sept ouvriers tisserands conviennent d'acheter en gros et de se vendre mutuellement en détail les objets nécessaires à la vie. Après un an, quarante sociétaires ayant réuni, au moyen de minimes cotisations hebdomadaires, une somme de 700 francs, ils ouvrent un petit magasin d'épicerie. En 1873, le capital social s'élevait à 4 millions. La société vendait tous les objets de consommation usuelle, denrées alimentaires, vêtements, etc.

Les associations coopératives se divisent en : 1° *sociétés de consommation* ; 2° *sociétés de crédit* ; 3° *sociétés de production*. Les premières se sont acclimatées surtout en Angleterre ; les secondes, en Allemagne. Les prédilections des ouvriers français sont pour les sociétés de production.

I. Sociétés de consommation. — La plus florissante est celle des *équitables pionniers de Rochdale*, mentionnée ci-dessus. En France, elles n'ont pas une grande vitalité. La plupart produisent des états qui se terminent par un déficit. Cependant la *Revendication de Puteaux*, fondée en 1872, est dans une situation satisfaisante. Les sociétés de consommation procurent aux associés : 1° des denrées saines et non falsifiées ; 2° avec diminution de prix ; 3° elles distribuent de gros dividendes aux associés. Mais cette forme de coopération est difficilement praticable, car : *a*. les sociétaires, n'ayant pas l'expérience des affaires, sont obligés d'en confier la direction à des agents qui peuvent être infidèles ou incapables ; *b*. elles sont exposées aux risques industriels. La loi de 1867 a consacré un titre spécial aux sociétés coopératives sous le nom de *société à capital variable*. Elle facilite la formation des associations coopératives.

1° Le minimum de l'action est fixé à 50 fr. avec faculté de ne verser qu'un dixième (5 fr.).

2° Elles sont dites à personne et à capital variables. Elles peuvent, sauf à en informer à nouveau le public, sans faire une émission nouvelle d'actions, accepter un associé nouveau. A l'inverse, un associé peut se retirer en emportant sa mise. Chaque associé peut même, quand il a déjà versé une certaine somme, en verser une nouvelle ; de même, il peut retirer sa mise, mais de manière à ne pas laisser une somme inférieure à 5 fr.

Toutefois, on ne permet pas que le capital social puisse descendre au-dessous du sixième de ce qu'il était au début, ni s'augmenter de plus de 200,000 fr.

II. Sociétés de Crédit. — L'ouvrier doit suppléer au crédit qui lui manque, par l'association. En Ecosse, les banques prêtaient à découvert : l'ouvrier se présentait assisté de deux amis pris parmi les clients de la même banque, et ceux-ci se portaient garants du remboursement de la somme prêtée. Toutefois, les Banques d'Ecosse ne sont pas des associations coopératives. C'est en Allemagne que les associations coopératives de crédit se sont formées, sous l'influence de M. *Schulze-Delitzsch*. Comme les Banques d'Ecosse, elles font des avances à découvert.

Le système consiste dans la garantie collective et solidaire de tous les sociétaires, qui, répondant les uns pour les autres, ont intérêt à se recruter avec soin. L'organisation collective atténue les risques d'incapacité de travail et de mort qui pourraient atteindre un ouvrier isolé. D'ailleurs, si un ouvrier veut emprunter au-delà de son apport social et de ses versements, il lui faut la garantie spéciale d'un ou de plusieurs sociétaires.

Ces sociétés de crédit ne se sont pas développées en France.

III. Sociétés de production. — Dans ces sociétés, des ouvriers associés exploitent le capital souscrit par eux ou prêté par des capitalistes non sociétaires. Instituées en France le lendemain de la Révolution de 1848, elles n'ont pas donné de résultats. L'Assemblée nationale avait accordé une subvention à cinquante-six sociétés ouvrières. Cette subvention a enlevé aux ouvriers les habitudes de travail et d'économie qui leur étaient plus que jamais indispensables. Les unes ont succombé, parce qu'elles ont admis le principe de l'égalité des salaires ; d'autres ont organisé une gérance insuffisante, n'ayant pas trouvé dans leurs membres une personne capable de diriger les opérations ; d'autres ont négligé de former une caisse de réserve.

En résumé, on peut attendre des sociétés coopératives une amélioration du sort de l'élite des ouvriers, mais non la transformation de leur situation.

Des sociétés coopératives qui furent créées en grand nombre en 1848, il en est peu qui subsistent aujourd'hui. Cependant les états de situation des associations de *l'Imprimerie nouvelle* et des *tailleurs de la rue Turbigo*, à Paris, sont très satisfaisants. L'association la plus brillante est celle des *équitables pionniers de Rochdale* qui, après les débuts les plus humbles, en est arrivée à la grande industrie.

AMÉLIORATION DU SORT DE L'OUVRIER PROVENANT DE L'INITIATIVE DES PATRONS

L'initiative des patrons se produit soit à titre de pure libéralité, soit à titre de salaire, soit à titre de participation aux bénéfices.

1° *A titre de pure libéralité*, l'exemple le plus remarquable est l'œuvre des *cités de Mulhouse*, qui a pour but de procurer à l'ouvrier la propriété de sa maison. En 1853, une société est fondée entre les principaux chefs d'industrie qui font construire des maisons d'une valeur de 2,100 à 2,700. On permet à l'ouvrier de payer par annuités; et moyennant le versement d'une somme de 100 francs, il peut prendre possession de la maison, sauf à s'acquitter en payant chaque année une certaine annuité

2° *A titre de salaire.* — L'amélioration du sort de l'ouvrier consiste dans un sacrifice que le patron s'impose en dehors des salaires dont il est convenu. C'est une majoration des salaires. La somme, fixe ou proportionnelle qui la constitue, n'est pas remise immédiatement à l'ouvrier; elle est employée à fonder ou à aider à fonder une caisse de retraite ou une institution d'épargne. Ce qui caractérise la majoration des salaires, c'est qu'elle s'allie nécessairement à une institution de prévoyance.

3° *A titre de participation aux bénéfices.* — Le patron, outre le salaire, accorde à ses ouvriers un tant pour cent sur les bénéfices qu'il réalisera; seulement l'emploi de cette part dans les bénéfices peut varier. Tantôt elle est remise immédiatement à l'ouvrier, alors il y a participation avec jouissance immédiate; tantôt la somme acquise à la participation n'est pas remise de suite à l'ouvrier, elle est affectée en son nom à une institution de prévoyance. Ainsi, la *Compagnie des assurances générales* donne une somme de 5 0/0 à l'employé et la verse dans la caisse de prévoyance.

Parfois la jouissance est mixte. Le dividende acquis à l'ouvrier est partagé en deux parts : une part lui est remise de suite; une autre part est conservée et placée en son nom dans une institution de prévoyance.

Le plus souvent on ne reconnait à l'employé ou ouvrier droit acquis sur les parts des bénéfices versés en son nom qu'au bout d'un certain temps de service. C'est ainsi que la *Maison du Bon Marché* décide que le droit à la caisse de prévoyance n'est acquis qu'à soixante ans pour les hommes, et cinquante ans pour les femmes, ou après vingt et quinze ans de services, tout employé qui quitte la maison auparavant étant déclaré déchu de ses droits.

ASSISTANCE

L'assistance est un devoir qui s'impose à ceux auxquels les institutions sociales garantissent la jouissance exclusive des propriétés. L'indigence est accidentelle ou chronique. Cette dernière qui atteint l'ouvrier des centres manufacturiers est le *paupérisme.* Dans une doctrine, la misère, agissant providentiellement comme moyen de sélection, il ne faudrait pas la soulager; on la supprimerait en supprimant les misérables. Toutefois, la charité doit être éclairée; elle ne doit encourager ni la paresse ni les autres vices.

Y a-t-il pour l'indigent un droit à l'assistance? L'assistance forcée est une doctrine socialiste; elle est contraire à la propriété individuelle si elle impose un prélèvement au propriétaire pour subvenir aux besoins d'autrui. En 1848, l'amendement qui proposait de reconnaitre le droit au travail reconnaissait par là même le droit à l'assistance; il fut rejeté, à juste titre. Mais ne faut-il pas reconnaitre une obligation d'assistance à la société? En aucune façon; il n'y a qu'un devoir moral pour la société, le sentiment de charité.

Assistance privée. — C'est la forme la plus simple de la bienfaisance. Lorsqu'elle est éclairée et vigilante, c'est de toutes les assistances la plus efficace. Elle se produit sous forme de secours à domicile ; ou dans les hospices, asiles d'aliénés, maisons de santé pour les vieillards, etc. Mais la charité privée ne peut pas suffire à toutes les exigences, car : 1° les hospices et asiles suscitent des frais qui exigent des ressources énormes; 2° il est bon qu'il y ait une direction générale afin de provoquer la création d'établissements de secours là où il n'y en a absolument pas; 3° il y a bon nombre d'indigents qui sont moins froissés par le secours venant de l'Etat que par le secours qui émane des particuliers; 4° l'assistance s'impose aux pouvoirs publics comme une mesure de police ou de prévoyance sociale.

Assistance publique. — L'Etat ne reconnaissant pas le droit à l'assistance, le secours n'est accordé par lui qu'à titre de libéralité, contrairement à ce qui est pratiqué en Angleterre, où fonctionne le système de l'*assistance légale,* c'est-à-dire le droit pour l'indigent à être secouru et l'obligation pour la société de l'assister, ce qui implique, de la part de l'Etat, le recours à l'impôt, l'exigence d'un domicile de secours pour l'assisté et la prohibition de la mendicité.

L'assistance publique est exercée en France par l'intermédiaire des bureaux de bienfaisance dont la destination principale est de fournir des secours modiques et temporaires d'objets de première nécessité.

L'assistance publique peut se combiner avec la charité individuelle par le *système d'Elberfeld,* qui, appliqué par un grand nombre de municipalités allemandes, commence à fonctionner dans nos grandes villes. C'est, de tous les systèmes, celui qui a le plus d'efficacité contre le paupérisme, à cause de l'influence directe des visiteurs sur les assistés. Il est composé d'une commission centrale communiquant avec un certain nombre de comités locaux par l'intermédiaire de leurs chefs. Ceux-ci ont sous leur direction un grand nombre de commissaires ou visiteurs. Chaque commissaire est chargé, en moyenne, de deux familles qu'il doit visiter au moins une fois par quinzaine.

L'assistance publique est encore pratiquée au moyen des hospices et des hôpitaux, asiles d'aliénés, assistance médicale dans les campagnes, dépôts de mendicité, patronage des libérés, services d'assistance de l'enfance, etc...

INSTITUTIONS DE PRÉVOYANCE

L'ouvrier prévoyant doit s'assurer contre les risques d'accidents, d'incapacité de travail, de chômage, de maladie et de mort. De là, les institutions d'épargne ou d'assurance.

Assurances. — L'assurance, chez l'ouvrier, a le pas sur l'épargne; en effet, les principaux risques peuvent être conjurés moyennant de faibles prélèvements sur les salaires, pourvu qu'ils soient continus; en outre, l'épargne le plus souvent ne serait pas assez forte pour donner à l'ouvrier des revenus suffisants pour vivre sans travailler et un capital assez considérable pour s'établir à son propre compte.

L'assurance est dite mutuelle ou à prime.

Assurance mutuelle. — Plusieurs personnes conviennent, qu'à des époques déterminées, chacune d'elles versera une certaine somme, le fonds commun étant destiné à indemniser ceux des associés qui seraient victimes d'accidents ou de sinistres; ou à être partagé entre les associés, dans le cas où ces accidents ne se réaliseraient pas.

Assurance a prime. — Dans l'assurance mutuelle, chacun des associés est à la fois assureur et assuré. Ici l'assureur, c'est la société ; l'assuré c'est le public. Une personne verse chaque année à une société une certaine somme ou prime, moyennant laquelle elle est à l'abri de certains risques. Cependant il y a des sociétés qui donnent aux associés un droit de participation aux bénéfices; mais, même dans ce cas, l'assurance à prime ne se confond pas avec l'assurance mutuelle.

L'assurance mutuelle doit être, de préférence, recommandée à l'ouvrier, car: 1º les bénéfices, s'il en existe, sont partagés entre les associés; 2º les risques contre lesquels ils s'assurent n'étant pas considérables, la société d'assurance mutuelle est généralement suffisante; 3º l'assurance mutuelle est plus moralisatrice. Du jour où plusieurs ouvriers sont associés, ils ont intérêt à se surveiller. Mais l'assurance mutuelle n'est pas possible si les ouvriers ne courent pas de risques à peu près équivalents; dans ce cas, ils doivent recourir à l'assurance à prime.

Rôle de l'État. — L'État doit intervenir, en matière d'assurance, pour réprimer la fraude qui, d'une part, vu l'absence de contrôle est facile à commettre, et d'autre part, a un caractère particulièrement grave, puisqu'il s'agit du salaire de l'ouvrier, péniblement amassé. L'État pose des règles restrictives pour empêcher les fraudes. Ainsi, aux termes de la loi du 24 juillet 1867, les assurances sur la vie, mutuelles ou à primes fixes, sont soumises à l'autorisation et à la surveillance du gouvernement, cela, à cause de l'incertitude de l'évaluation des chances de survie, qui permet d'abuser les souscripteurs. Les autres sociétés peuvent se former sans autorisation.

En outre, l'État impose l'assurance à ses fonctionnaires par la retenue qu'il opère sur leur traitement, retenue qui donne droit à une retraite. Cette exigence de l'État est rationnelle: il est libre d'insérer dans le contrat qu'il passe avec le fonctionnaire telle clause que bon lui semble; mais il dépasserait ses droits s'il s'avisait d'ériger les assurances de tout genre en service public et de se faire assureur général. A plus forte raison faut-il repousser l'idée de l'assurance obligatoire par l'État. On comprend cela en Angleterre, où existe le système de l'assistance légale; c'est tout à fait malencontreusement que la théorie de l'assurance obligatoire a été produite en France à diverses reprises et surtout en 1849. La prétention de contraindre les patrons à payer et les ouvriers à recevoir une partie des salaires en monnaie de prévoyance que l'État délivrerait contre numéraire, mais qui n'aurait pas cours, est tout à fait impraticable.

Caisses d'épargne. — La caisse d'épargne, accessible aux personnes inexpérimentées et ignorantes en matière financière, reçoit les moindres économies de l'ouvrier, lui assure un placement d'une parfaite sécurité, et lui permet de retirer les sommes déposées, sans difficultés et sans lenteurs. Pour ces motifs, l'épargne populaire doit être facilitée et protégée par l'État, qui doit veiller notamment à ce que la gestion des fonds déposés soit bien organisée, et ne soit pas exposée à disparaître dans un désastre.

Caisses d'épargne scolaires. — Pour faciliter l'épargne à l'enfance, l'instituteur devient le directeur d'une caisse d'épargne, où les enfants déposent sou à sou leurs économies. Habitués à épargner à l'école, ils continueront à épargner plus tard. Peut-être même cet exemple donnera-t-il à leurs parents l'ambition d'avoir eux-mêmes un livret.

Caisses d'épargne postales. — Ce système a été appliqué en France par la loi du 9 avril 1881. Voici ses principales dispositions :

1° Elle fixe à 1 franc le minimum du versement.

2° Les fonds sont versés à la Caisse des dépôts et consignations, qui doit les employer en rentes sur l'État français. (En Italie, elles sont autorisées à faire des prêts aux Monts-de-piété).

3° Ils sont versés, dans les départements, aux caisses des trésoriers-payeurs généraux et receveurs particuliers préposés à la Caisse des dépôts. — Ils produisent à la caisse d'épargne, à partir du jour de leur versement jusques et non compris le jour du retrait, un intérêt de 3 fr. 25 0/0 par an.

4° Chaque versement ne peut être inférieur à 1 franc. Le compte ouvert à chaque déposant ne peut excéder le chiffre de 2,000 francs versés en une ou plusieurs fois.

5° La demande de retrait doit être déposée à l'avance, et le remboursement a lieu dans un délai de huit jours au maximum pour la France continentale.

5° Dans le cas de force majeure, des décrets rendus, le Conseil d'État entendu, peuvent autoriser la caisse d'épargne postale à n'opérer le remboursement que par à-comptes de 50 francs au minimum et par quinzaine.

6° Dès qu'un compte dépasse, par le versement et la capitalisation des intérêts, la somme de 2,000 francs, il en est donné avis au déposant par lettre chargée.

7° Les sociétés de secours mutuels sont admises à faire des versements à la caisse d'épargne postale, et le compte ouvert à leur crédit peut atteindre le chiffre de 8,000 francs. Les institutions de coopération, de bienfaisance et autres sociétés de même nature peuvent être admises à faire des versements dans les mêmes conditions, après en avoir obtenu l'autorisation du ministre.

RÔLE DE L'ÉTAT DANS L'ORDRE ÉCONOMIQUE

Le problème est complexe de savoir dans quelle mesure il convient d'étendre les attributions de l'État en matière d'économie politique.

Une doctrine, le *laisser-faire*, repousse systématiquement toute intervention gouvernementale. L'autre, le *socialisme*, y fait exclusivement appel et supprime l'action libre des forces individuelles. La tendance actuelle est le développement de l'*individualisme*. L'État ne doit pas prétendre diriger l'économie politique, il doit laisser agir l'individu. Vouloir se substituer à l'initiative privée, ce serait substituer un empirisme aux lois naturelles. — Le socialisme part de ce principe, qu'il n'y a pas de lois générales réglant le mouvement économique. Dans cette doctrine, on supprime ce qui est le fond même de l'individualisme.

Il faut distinguer du socialisme proprement dit le socialisme de la chaire, né en Allemagne. Les socialistes de la chaire demandent une intervention plus directe de l'État dans les questions de répartition des richesses. Ils se fondent sur la nécessité de rétablir un règlement équitable entre les intérêts qui, laissés à eux-mêmes, sont en conflit. Les socialistes de la chaire ne sont pas de vrais socialistes. Leur doctrine ne va pas jusqu'à vouloir renverser entièrement l'économie politique actuelle, ils sont étrangers à l'individualisme gouvernemental; mais ils ont une tendance énergique à réclamer souvent l'intervention de l'État. Pour corriger l'ordre économique actuel, ils voudraient la tutelle constante de l'État. Il y a là des tendances plutôt qu'une doctrine d'ensemble : les uns sont des économistes timorés; les autres, des socialistes déguisés, qui n'osent pas tirer de leur doctrine toutes ses conséquences.

Leur doctrine peut être ainsi résumée dans son ensemble :

1° Le socialisme de la chaire, avec Karl Marx et Lasalle, condamne la méthode du *laisser-faire*; il fait appel à l'État, qu'il considère comme un agent de progrès dont l'intervention est non seulement désirable, mais nécessaire.

2° Il attribue, avec Lasalle, à l'abus du capital les maux des classes ouvrières.

3° Le mal social résultant d'une exploitation du capital doit disparaître, grâce à un ensemble de mesures législatives : création d'associations ouvrières subventionnées, de caisses d'assurances et de secours obligatoires.

4° La condition des classes ouvrières est une condition intolérable, qui ne peut qu'empirer sous le régime de l'exploitation capitaliste.

Il faut rejeter le socialisme pur et le socialisme de la chaire et se rattacher à l'individualisme. Cependant il ne faut pas absolument exclure l'État; c'est un rouage indispensable auquel il faut reconnaître le rôle qui lui appartient dans la société. L'État aura des fonctions soit essentielles, soit naturelles et facultatives. D'ailleurs, il faut ménager les transitions et tenir compte de ce qui existe depuis longtemps. Un peuple n'arrive pas d'emblée à l'idéal d'éducation économique. Il faudra souvent demander à l'État de servir de tuteur et d'aider à la marche de la société.

Fonctions essentielles de l'État. — Elles tiennent à sa raison d'être historique et ne doivent comprendre que les fonctions qu'il est indispensable de lui confier. Tels sont :

1° L'établissement et le maintien des relations entre les États (ambassades, légations, etc...)

2° La formation d'une armée, d'un outillage de guerre, d'une flotte...

3° L'organisation d'une police à l'intérieur.

4° L'organisation d'une magistrature et d'un système pénitentiaire.

5° L'organisation d'une tutelle vis-à-vis des faibles, mineurs, fous, prodigues.

6° L'organisation d'une instruction publique. L'éducation morale et l'instruction sont des mesures préventives contre le paupérisme et les charges d'assistance qu'il impose à la société. Toutefois, l'État doit laisser librement s'exercer les efforts individuels.

Fonctions naturelles et facultatives de l'État. — Pour assurer la sécurité extérieure et intérieure, l'État est armé de très grandes ressources qui le rendent apte à protéger la collectivité. A ce titre, on peut lui confier les fonctions suivantes:

1° La confection et l'entretien d'un réseau de routes nationales. Ces travaux intéressent à tel point les intérêts d'une nation, qu'il serait dangereux de les livrer à la concurrence.

2° La construction des chemins de fer. La construction des chemins de fer influe sur les finances publiques ; elle ne peut pas être indifférente à l'État.

3° Le service des postes. Le monopole des postes se justifie tout spécialement à cause des inconvénients que présenterait la concurrence.

Dans d'autres cas, l'État interviendra soit pour inaugurer les meilleures méthodes de fabrication, soit pour entretenir la production artistique, par ex. les manufactures de Sèvres, des Gobelins, etc...; soit pour encourager l'industrie privée, par ex. par des subventions, secours, primes, distributions honorifiques à la suite de concours ou d'expositions. En outre, l'État a non seulement le droit, mais aussi le devoir d'éclairer l'industrie privée. A cet effet, il recueille ces informations statistiques, organise des conseils de prud'hommes pour statuer sur les contestations qui s'élèvent entre ouvriers et patrons, reconnaît officiellement les associations professionnelles ou syndicales, etc.

Dans d'autres cas, l'État exerçant le pouvoir général de police et de tutelle qui lui appartient, soumet à des conditions spéciales la création des établissements incommodes et insalubres; exige pour l'exercice de certaines professions (avocat, médecin, pharmacien) des garanties spéciales de capacité; édicte des lois protectrices de l'enfance; des lois sur le travail des enfants et des femmes dans les manufactures; réglemente les sociétés de commerce afin d'éviter la perte des capitaux épargnés ; en un mot, manifeste son pouvoir de tutelle par des mesures préventives ou répressives.

L'État doit-il intervenir lui-même dans l'exercice des fonctions qui sont reconnues lui appartenir: par ex., doit-il user du droit que lui confèrent les cahiers de charges d'exercer le rachat des chemins de fer après les quinze premières années? En fait, la période d'exploitation des quinze premières années est écoulée depuis longtemps pour toutes les grandes compagnies. On objecte aux partisans du rachat : 1° les charges financières qui vont résulter de l'annuité à payer par l'État aux compagnies concessionnaires, annuité qui est payable depuis le jour où elle est opérée jusqu'à la date où devait expirer la concession; 2° la difficulté d'organiser un mode d'exploitation que l'on puisse substituer au système actuel.

La tendance est au rachat; le rachat des chemins de fer a déjà été opéré par plusieurs nations étrangères. Il semble que la nation seule doit être possesseur des voies de communication; qu'elles sont un des premiers besoins, une des plus grandes forces de l'autorité publique.

C'est surtout en Allemagne que cette question a passionné les esprits. Le rachat, là où il est effectué, aboutit: ou à l'exploitation par l'État; ou à l'exploitation par des compagnies fermières.

Le premier procédé est généralement préféré: il produit les avantages suivants :

1° Il procure la liberté des tarifs et permet de substituer les intérêts généraux de la société aux calculs des dividendes.

2° Il procure l'abaissement des taxes et le bon marché des transports.

3° Il procure l'unité de direction et une meilleure organisation du service des voies ferrées.

4° Il exerce une influence considérable sur la défense nationale. « La possession des lignes ferrées les plus importantes par l'État est tout à fait désirable dans l'intérêt militaire. Les chemins de fer sont de notre temps un des instruments de guerre les plus importants et un transport rapide est une affaire des plus sérieuses. »

On peut ajouter que l'organisation du service des postes est la garantie d'une bonne exploitation par l'Etat. On a prétendu, il est vrai, que le service des chemins de fer est très compliqué, plein de détails minutieux; et que celui des postes, au contraire, est très simple et peut être dirigé par des instructions générales. Mais on a répondu avec raison, semble-t-il, que le transport des dépêches est un service infiniment plus chargé de détails que la construction et l'exploitation d'un chemin de fer.

Finalement, il est peut-être préférable que l'Etat ne rachète pas les chemins de fer; il ne pourrait exploiter mieux que les compagnies. Wolowski, à la séance de l'Assemblée nationale du 15 août 1818, proposait de vider la question par une expérience : « Si, jusqu'à présent, nos convictions ne se sont pas ralliées à ce système (de l'exploitation directe), je ne suis pas de ceux qui refuseraient à l'Etat le droit de faire l'expérimentation de ses forces et de ses aptitudes sur une grande échelle. J'envisage le rachat du chemin de fer de Lyon comme une excellente occasion de vider enfin par l'expérience, par la pratique, une question qui s'est souvent égarée dans le domaine des hypothèses. »

LIBRE-ECHANGE ET PROTECTION

Les partisans du libre-échange ou système de la liberté commerciale articulent contre le système protectionniste les griefs suivants :

1° La protection est contraire au principe de la liberté du travail. Ce n'est pas à l'Etat de diriger les énergies nationales au point de vue de la production industrielle. Il n'y a qu'un mobile qui ne puisse pas se tromper : c'est le mobile de l'intérêt individuel. Quant à l'Etat, placé en dehors des responsabilités, il est incapable de diriger d'une façon sûre les activités sociales.

2° La protection sacrifie de la façon la plus absolue les intérêts de la consommation en imposant au consommateur de payer plus cher ce que, par la liberté commerciale, il payerait moins cher. C'est sur la consommation que retombe le système de la protection.

3° La protection constitue un privilège en permettant à quelques producteurs de faire des bénéfices injustes.

4° La protection nuit aux classes les plus nombreuses en les privant des avantages de la libre concurrence internationale.

5° La protection restreint les débouchés, raréfie les échanges et est une excitation permanente à la contrebande. Avec le libre-échange, un pays se trouve dispensé de s'épuiser en efforts coûteux et relativement stériles, pour produire des choses pour lesquelles il est mal outillé par la nature. Les peuples ne peuvent que gagner en échangeant leurs produits. L'un fournit à l'autre des objets que ce dernier ne pourrait fabriquer que très cher ; à ce point que, en présence d'un peuple qui se place sous le système de la protection à outrance, un autre a intérêt à ne pas user de représailles, car il reçoit ses produits à de meilleures conditions qu'il ne les obtiendrait chez lui. C'est le libre-échange unilatéral de Bastiat.

Tempéraments. — L'application du système du libre-échange comporte toutefois certaines réserves et tempéraments. Ainsi :

1° Il faut tenir compte des transitions. Quand un peuple est engagé dans la voie de la protection, on ne peut, du jour au lendemain, supprimer complètement ce système; il ne faut aller au libre-échange que progressivement.

2° Il faut tenir compte, dans une juste limite, du principe des nationalités. Ainsi, on comprendrait le système de la protection appliqué à l'industrie métallurgique, aux constructions de navires, etc..

3° Il faut accorder protection à certaines industries qui ont vécu longtemps sous ce régime, quand il s'agit d'établir un régime nouveau. Il faut préparer progressivement la réforme et maintenir les droits protecteurs en les réduisant peu à peu.

4° Il faut, pour lever la protection, que les industries nationales soient dans un état économique qui leur permette d'affronter la concurrence étrangère.

Principaux systèmes économiques. SYSTÈME MERCANTILE. — Il repose sur ces deux idées fausses : 1° que les métaux précieux forment la véritable richesse d'un peuple; 2° et que la balance du commerce, c'est-à-dire la différence entre la valeur des importations et celle des exportations donne la mesure annuelle de cette richesse et de son développement. Si une nation importe plus de marchandises, c'est-à-dire livre une plus grande quantité de monnaie en échange, la balance du commerce est défavorable; si, au contraire, elle a plus exporté qu'importé, elle a réalisé une plus grande quantité de numéraire et s'est enrichie d'autant; la balance est favorable. — Ce système méconnaît es notions de la monnaie et de la circulation. La monnaie, en effet, est une marchandise ayant sa valeur intrinsèque comme toute autre. L'argent ne vaut pas plus que le drap pour celui qui a besoin d'un habit, et le drap ne vaut pas plus que l'argent pour celui qui veut de la monnaie. L'un vend son drap et achète l'argent, l'autre vend l'argent pour acheter du drap. Chacun trouve donc avantage à l'échange. Si un peuple fait des échanges, c'est que, comme un individu, il tient plus à 'objet qu'il demande qu'à l'objet qu'il est disposé à céder.

D'ailleurs, la balance du commerce ne se solde pas nécessairement en numéraire; une masse considérable d'échanges s'effectue en effets de commerce par la circulation fiduciaire.

Système de l'échelle mobile. — Ce système avait pour objet de permettre aux consommateurs de ne pas payer le blé trop cher, et à l'agriculteur de le vendre à un prix suffisamment rémunérateur. Il consistait, en cas de bonne récolte, à mettre des entraves à l'importation, en laissant toute liberté à l'exportation: en cas de mauvaise récolte, à entraver la sortie et à laisser libre l'entrée des grains. Il a été supprimé par la loi du 15 juin 1861, qui a admis, en principe, l'importation en franchise et a aboli les entraves à la sortie. Cette loi a proclamé le principe général de la liberté du commerce des céréales.

Le système de l'échelle mobile, appliqué en Angleterre avant d'être importé en France par les ois de 1819, 1821 et 1822, divisait le pays en quatre zones, les prix du marché intérieur pouvant être différents suivant les régions. Des mercuriales mensuelles dressées sur divers marchés spécifiés par la loi (*marchés régulateurs*) fixaient un prix moyen pour chacune des régions. Dès que le prix du blé dépassait un prix déterminé pour chaque zone, l'exportation était prohibée. La division par zones entraînait des inégalités considérables dans les prix, entravait la production et la vente des céréales et paralysait le commerce.

Traités de 1860. — Le 23 janvier 1860, est signé, d'une part entre Rouher et Baroche représentant la France, et d'autre part Gladstone, représentant l'Angleterre, le traité célèbre qui inaugure entre les deux nations le système du libre-échange par le moyen des tarifs conventionnels. Les prohibitions à l'importation des marchandises anglaises sont supprimées et remplacées par une taxe au maximum de 30 0/0 *ad valorem*, réductible à 25 0/0 en 1864. Cependant, par suite de concessions, le tarif conventionnel définitif est abaissé à 8 ou 10 0/0 pour les filés, à 15 0/0 environ pour les tissus de lin, de coton et de laine: et à 7 francs par quintal pour les fers. En retour, l'Angleterre nous accorde des réductions importantes sur les vins et eaux-de-vie, l'admission en franchise de nos produits agricoles, de nos articles de Paris, etc.

Le traité de 1860 fut suivi de plusieurs autres avec la Belgique, la Suisse, l'Espagne, l'Autriche. Plusieurs de ces traités ont été renouvelés, d'autres ont été dénoncés, puis prorogés à une date indéfinie. La loi du 4 août 1879 a autorisé le gouvernement à proroger les traités de commerce en fixant comme terme aux effets de cette prorogation le délai de six mois à partir de la promulgation du nouveau tarif général.

LÉGISLATION DOUANIÈRE

Le régime des échanges internationaux doit-il être réglé par des *tarifs généraux* ou par des traités de commerce internationaux établissant des *tarifs conventionnels*, c'est-à-dire des tarifs admis entre deux nations par le traité de commerce qui les unit ? Les traités de commerce seuls donnent de la sécurité et de la stabilité au commerce international. Le tarif général exclusif est un régime instable; il est subordonné aux théories professées par la majorité des Chambres. En outre, le système des traités permet de s'assurer des avantages réciproques. Si, par ex., nous accordons la franchise à la houille anglaise en France, nous stipulerons la réciprocité en Angleterre pour nos vins et nos soieries. Enfin, les traités de commerce sont des moyens de pacification et des instruments de progrès très propres à maintenir la paix entre les nations.

Clause de la nation la plus favorisée. — Par cette clause, insérée dans la plupart des traités de commerce, deux États contractants s'accordent réciproquement, et à l'avance, tous les avantages qu'ils accorderont dans la suite aux autres nations avec lesquelles ils feront également des traités. Il peut résulter, de l'insertion de cette clause, des entraves fâcheuses à la conclusion de nouveaux traités de commerce.

Énumération des droits protecteurs. — Les droits protecteurs ont un caractère très différent. Ils comprennent :

1° *Les droits à l'importation.* — Ces droits, qui frappent à l'entrée les produits étrangers, constituent une restriction à la liberté commerciale. Ils sont établis soit pour protéger l'industrie nationale, s'ils grèvent des produits fabriqués ; soit pour venir en aide à l'agriculture et aux industries extractives, s'ils grèvent les produits bruts, les laines, les houilles étrangères.

2° *Les droits à l'exportation.* — Ces droits, qui ont pour but également d'encourager l'industrie nationale, sont ceux qui frappent certaines matières premières quand elles sortent du pays. Ce résultat était produit indirectement par le procédé du *drawback*, ou restitution à la sortie du produit fabriqué des droits payés à l'entrée sur le produit brut. Certaines fraudes exposant la douane à payer plus à la sortie qu'elle n'avait reçu à l'entrée des marchandises, le système du *drawback* a été remplacé par celui des *admissions temporaires.* On appelle ainsi l'entrée en franchise de certaines marchandises soumises aux droits, moyennant l'engagement sous caution de les réexporter après fabrication et dans un certain délai. L'admission temporaire encourage l'industrie nationale sans grever le budget. Elle procède du même système que le *drawback*, avec cette différence, toutefois que la douane n'a rien à percevoir ni à rembourser. Elle n'a qu'à recevoir l'engagement pris sous caution (acquit-à-caution) de l'industriel, de réexporter la matière après lui avoir fait subir certaines transformations. On a reproché au système de l'admission temporaire de favoriser la fraude, l'industriel pouvant introduire en franchise des matières de qualité supérieure et éluder les droits en fabriquant ensuite avec des matières de qualité inférieure.

La loi du 5 juillet 1836 paraît avoir exigé la condition de réexportation des mêmes produits après fabrication ou complément de main-d'œuvre en France. Mais la tolérance administrative avait permis que le produit de tolérance étrangère pût rester indéfiniment dans la consommation intérieure et être remplacé, lors de l'exportation, par une égale quantité de produits similaires de provenance française, à un degré de fabrication plus avancé. C'était la pratique de l'*équivalent.*

3° *Les exportations temporaires.* — Le système des exportations temporaires est la contre-partie des admissions temporaires. Il consiste dans la franchise de droits d'importation accordée à des produits français inachevés qui sont allés chercher à l'étranger un complément de fabrication et rentrent en France pour y être consommés. On admet généralement que cet état d'équilibre instable entre la liberté et la protection ne donne pas satisfaction à la grande industrie.

4° *Les surtaxes d'entrepôt.* — Ces surtaxes, établies en vue de favoriser les relations directes de notre marine avec les pays lointains, atteignent les marchandises qui sont importées des entrepôts étrangers, même sous pavillon national. On veut intéresser nos navires à faire la navigation au long cours en allant prendre charge dans les pays producteurs, où ils feront pénétrer les produits français.

5° *Les surtaxes de pavillon et primes à l'armement.* — Ces deux droits ont pour objet de venir en aide à la marine marchande française, lorsqu'elle est inférieure en force aux marines rivales. — Les *surtaxes de pavillon* sont des surtaxes qui grèvent les marchandises entrant dans nos ports sous pavillon étranger, la marchandise étrangère ne payant que le droit ordinaire si elle entre sous pavillon français. C'est un moyen d'obliger les producteurs étrangers qui veulent vendre leurs denrées en France à employer de préférence notre marine marchande. On objecte que les surtaxes de pavillon, outre qu'elles élèvent le prix des matières premières nécessaires à l'industrie, sont encore de nature à éloigner de nos ports les importations menacées de surtaxes. Aussi ce système a-t-il été repoussé par la loi de 1866, qui a admis la libre concurrence.

Primes à l'armement. — Ces primes, payées par l'État aux armateurs qui font construire ou armer un navire dans certaines conditions déterminées, ont l'inconvénient d'être un impôt payé par les contribuables ; mais le commerce et l'industrie trouvent dans le concours de la marine marchande une compensation plus que suffisante.

La marine marchande est encore protégée par le *cabotage* et les *pêcheries.* Le cabotage, par opposition au long cours, désigne tous les voyages effectués en deçà des limites fixées par l'art. 377 du Code de commerce, aux termes duquel sont réputés voyages de long cours ceux qui se font aux Indes orientales et occidentales, à la mer Pacifique, au Canada, à Terre-Neuve, au Groënland, et aux autres côtes et îles de l'Amérique méridionale et septentrionale, aux Açores, Canaries, à Madère, et dans toutes les côtes et pays situés sur l'Océan au delà des détroits de Gibraltar et du Sund. Pour le cabotage, les grandes et les petites pêches, la marine marchande n'a aucune concurrence à redouter ; c'est la navigation réservée.

Il faut encore ajouter le privilège résultant du *pacte colonial*, aux termes duquel les colonies sont tenues de s'approvisionner sur les marchés de la métropole, leurs produits ne pouvant être écoulés au dehors que sur les mêmes marchés. Ce système, contraire aux intérêts respectifs de la métropole et des colonies, a été aboli par le sénatus-consulte du 4 janvier 1866, qui a restitué aux colonies la faculté de commercer avec toutes les nations de la manière la plus avantageuse à leurs intérêts.

NOTIONS HISTORIQUES

ÉCOLE ANGLAISE. — L'histoire de l'économie politique ne remonte guère au delà du XVIII° siècle. Adam Smith (1723-1790), dans son ouvrage intitulé : *Recherches sur la nature et les causes de la richesse des nations*, met en lumière pour la première fois les lois de cette science nouvelle. Il fait, au sujet du commerce international, une réfutation décisive du système mercantile, en démontrant, par les lois de l'échange, la supériorité des principes de la liberté. Il réfute la théorie des *Physiocrates*, dont le système consiste à faire résider la source de toute richesse dans la nature et à n'estimer les richesses que d'après la masse des matières brutes. — Les physiocrates ont pour chef le docteur Quesnay, auteur du *Tableau économique*, des *Maximes du gouvernement économique* et d'une *Physiocratie*. Ses principaux disciples sont : l'abbé Beaudeau, auteur d'une explication du *Tableau économique* et de l'*Introduction à la philosophie économique*; Condillac, auteur du *Traité de commerce*; Turgot, auteur du *Mémoire sur les prêts d'argent* et des *Réflexions sur la formation et la distribution des richesses*.

Au XIX° siècle, l'école anglaise est personnifiée : par Stuart Mill, qui, dans ses *Nouveaux principes*, a exposé les grandes questions de la valeur et de l'échange: par Ricardo (*Principes d'économie politique*, *Protection de l'agriculture* et *Dissertations financières*). L'économiste Blanqui juge ainsi Ricardo : « Il aimait trop à généraliser, il se jetait souvent dans une sorte de métaphysique économique, toute hérissée d'arguments et de formules ardues, dont on accuse la science, quoiqu'elle ait eu beaucoup à en souffrir : » par Malthus (*Essai sur le principe de la population*), publié en 1798, complété en 1803. Malthus a encore publié les *Principes* (1819) et les *Définitions* (1827); par Mac-Culloch, partisan de la doctrine de Ricardo, auteur des *Principes*.

ÉCOLE FRANÇAISE. — Parmi les disciples d'Adam Smith, il faut citer un économiste illustre, qui a vulgarisé en France la doctrine de l'école anglaise : c'est Jean-Baptiste Say. Contemporain de Ricardo et de Malthus, il est l'auteur d'un *Traité d'économie politique*, ou simple exposition de la manière dont se forment, se distribuent et se consomment les richesses. « Il y a deux puissances, dit Blanqui, que ce grand écrivain a inégalement traitées quoique avec une égale injustice : les canaux en leur faisant la part trop belle, et les gouvernements en leur refusant toute action efficace, sur le bonheur des citoyens. On lui a reproché d'avoir trop considéré la production et trop peu les producteurs. C'est J.-B. Say qui a inauguré la division de production, distribution, circulation, consommations des richesses. » Cette division est devenue populaire.

De nos jours, l'économie politique ne borne plus son domaine à la recherche de la production, de l'échange et de la consommation des richesses matérielles. Baudrillart (*Des rapports de la morale et de l'économie politique*); Rossi (*Cours d'économie politique*); l'Américain Carey (*Principes de la science sociale*) ont démontré quels liens unissent l'économie politique aux autres sciences morales.

L'application de la méthode des sciences mathématiques aux phénomènes sociaux est désormais abandonnée. « Il est indispensable, dit M. Courcelle-Seneuil, que l'économie politique s'affirme. Elle a commencé, comme toutes les sciences sans exception, par une période d'incubation, *période chaotique et pourtant féconde*. Il est temps d'en sortir et de séparer avec soin la science de ce qui n'est pas elle. »

Nous signalerons parmi les Traités d'économie politique : le *Précis élémentaire d'économie politique*, de *Blanqui*; le *Traité d'économie politique*, de *Joseph Garnier*; le *Nouveau Traité d'économie sociale*, de *Dunoyer*; le *Cours d'économie politique*, de *Molinari*; le *Manuel d'économie politique*, de *Baudrillart*; le *Traité d'économie politique*, de *Courcelle-Seneuil*; le *Cours d'économie politique*, de *Michel Chevalier*; les *Leçons d'économie politique*, de *Frédéric Passy*; le *Cours d'économie politique*, de *Batbie*; le *Petit Manuel d'économie politique*, de *Block*; le *Cours d'économie rurale, industrielle et commerciale pour l'enseignement secondaire spécial*, de *Levasseur*; le *Traité élémentaire d'économie politique*, de *Rosy*; le *Traité sur l'épargne et le capital*, de *Jourdan*; le *Rôle de l'État dans l'ordre économique*, et le *Cours analytique d'économie politique*, du même auteur; l'*Essai sur la répartition des richesses*, de *Leroy-Beaulieu*; le *Programme d'un Cours d'économie politique*, de *Jules Garnier*; et le *Précis du Cours d'économie politique* professé à la Faculté de droit de Paris, par *Paul Cauwès*.

Paris. — Imprimerie A. QUET, rue des Fossés-St-J.......

TABLE DES MATIERES

www.ingramcontent.com/pod-product-compliance
Lightning Source LLC
Chambersburg PA
CBHW051626060726
47597CB00004B/1455